KB194193

소망을 주는
십자가의 능력

* 005

소망을 주는
십자가의
능력

최명우 지음

초판 1쇄 인쇄 2017년 9월 20일
초판 1쇄 발행 2017년 9월 30일

발 행 인 최명우
발 행 처 도서출판 케리그마

책임편집 최현자
제   작 새한기획(02-2274-7809)
등   록 제2012-000036호.(2012. 1. 27.)

서울 강남구 역삼로 8길 12 (역삼동 833-6)
전화 02-562-0546
팩스 02-563-4657
E-mail pwgangnam@gmail.com
http://www.fggn.kr

ISBN 979-11-961204-1-2 03230

최명우 목사의 희망 메시지 • 5

소망을 주는 십자가의 능력

도서
출판 케리그마

Hope in the Power of the Cross

by

Myung Woo Choi

Kerygma Book House

Seoul, Korea

2017

프롤로그

아주 오래 전 해골 모양의 언덕에서 한 사람이 십자가에 달렸습니다. 그는 양손과 발에 커다란 못이 박힌 채 피를 흘리며 죽어가고 있었습니다.

그때 어떤 사람들은 저주하며 조롱했습니다. 나무에 달리는 것은 하나님으로부터 저주를 받은 사람이라는 것을 의미했기 때문입니다. 그러나 그들은 지금 십자가에 달린 죄수가 자신들을 대신하여 저주 받은 것임을 꿈에도 생각하지 못했습니다.

그리고 제사장들과 바리새인들은 자신들의 권위에 대항하던 사람의 말로라고 생각하며 흐뭇하게 생각했습니다. 그러나 그들은 자신들의 모함에 빠져 십자가에 달린 그 사람이 하나님의 구원 계획을 이루기 위하여 스스로 죽음을 택했음을 조금도 상상하지 못했습니다.

또한 십자가에 죽어가는 그 사람을 사랑하여 따라다녔던 사람들 조차도 이제는 모든 것이 끝났다고 생각했습니다. 그들은 죽음이 부활로 이어짐을 믿지 못했습니다.

십자가에 달린 그 죄수는 사람들이 생각하는 그런 사람이 아니었습니다. 그는 하나님이었고, 다시 살아났으며, 인류의 모든 죄를 십자가 위에서 대신지고 속량했습니다. 그러하기에 2천여 년이 지난 지금도 우리는 오래 전 십자가에 달린 그 죄수를 기억합니다. 기억할 뿐 아니라 그를 '나의 주, 나의 하나님'으로 모시고 살아갑니다. 십자가에 달린 그 분은 바로 '예수님'입니다.

이렇게 예수님에 대한 이해가 바뀐 까닭은 십자가의 의미가 복음을 통하여 전파되었기 때문입니다. 복음으로 말미암아 예수님의 죽음이 재해석되었고, 그분의 부활이 증거 되었습니다. 그리고 우리가 예수님을 믿게 되었습니다. 죄에서 벗어나 하나님의 자녀로 살아가게 되었고, 성경에 기록된 하나님의 약속들이 삶속에 이루어지게 되었습니다.

이처럼 십자가에는 능력이 있습니다. 십자가는 어떤 절망에 처한 사람에게도 소망을 줄 수 있습니다. 그의 삶을 변화시킬 수 있습니다. 십자가는 하나님의 지혜이며, 하나님의 능력이기 때문입니다.

오늘날 우리는 영적으로 혼탁한 시대를 살아가고 있습니다. 또한 소망을 잃어버린 세대를 접하고 있습니다. 많은 사람들이 막막한 현실 앞에서 절망하고 있는 것을 봅니다.

그래서 금번에 "소망을 주는 십자가의 능력"을 주제로 그동안 설교했던 십자가에 관한 설교들을 모아서 펴내게 되었습니다. 책을 통하여 십자가 복음이 다시 한 번 힘차게 전파될 때 읽는 분마다 십자가의 의미를 바르게 이해하게 되고, 십자가에 달리신 예수님으로 말미암아 새로운 소망, 새로운 삶을 얻게 되시기를 주님의 이름으로 축원합니다.

2017년 가을

순복음강남교회 담임목사 **최명우**

소망을 주는
십자가의 능력

차례

Contents

소망을 주는
십자가의 능력 막 15장

1. 하나님으로부터 버림받으신 예수님(33–34절)
2. 십자가의 고난(35–37절)
3. 십자가의 복음(38절)

PART 1

십자가
고난의 의미

마가복음 15:33-38

십자가 고난의 의미

마가복음 15:33-38

"제육시가 되매 온 땅에 어둠이 임하여 제구시까지 계속하더니 제구시에 예수께서 크게 소리 지르시되 엘리 엘리 라마 사박다니 하시니 이를 번역하면 나의 하나님, 나의 하나님 어찌하여 나를 버리셨나이까 하는 뜻이라 곁에 섰던 자 중 어떤 이들이 듣고 이르되 보라 엘리야를 부른다 하고 한 사람이 달려가서 해면에 신 포도주를 적시어 갈대에 꿰어 마시게 하고 이르되 가만 두라 엘리야가 와서 그를 내려 주나 보자 하더라 예수께서 큰 소리를 지르시고 숨지시니라 이에 성소 휘장이 위로부터 아래까지 찢어져 둘이 되니라"(막 15:33-38).

'빛의 화가'로 불리는 렘브란트(Rembrandt Harmenszoon van Rijn)는 신실한 크리스천으로 그림을 통해 자신의 신앙을 고백했던 사람입니다. 그가 1633년에 그린 '십자가 세우기'(The raising of the cross)라는 작품을 보면 십자가가 세워지고 있고 예수님은 두 눈을 뜬 채 괴로워하고 계십니다. 예수님의 몸에서는 새빨간 피가 흐르고 있습니다. 그리고 사람들은 십자가를 세우기가 쉽지 않은 듯 앞뒤에서 힘겹게 밀고 당기고 있습니다.

그런데 그 그림을 자세히 보면 로마 군병들과 함께 십자가를 붙들어 세우는 한 사람이 나옵니다. 화려한 옷에 베레모를 쓰고 있으나 깊은 슬픔에 잠겨 있습니다. 바로 렘브란트입니다. 그는 자신을 그림에 그려 넣은 것입니다. 자신이 예수님을 십자가에 못 박았고, 죽였다는 것입니다. 이처럼 렘브란트는 '누가 예수님을 죽였는가?'의 답을 아는 사람이었습니다.

우리도 그리해야 합니다. "예수님을 십자가에 못 박은 것은 로마 군병들이 아니라 바로 나입니다. 나의 허물이 예수님을 십자가에 못 박았습니다. 예수님은 나를 사랑하셔서 내 허물을 사하시려고 대신 십자가를 지셨습니다"라는 고백이 있어야 하는 것입니다.

십자가는 고대에 죄인을 못 박아 죽이던 십자모양의 형틀이었습니다. 그리고 십자가형은 예수님이 사시던 당시 로마제국에서 가장 무섭고 잔인한 형벌이었습니다. 그래서 로마제국은 이 형벌을 로마시민에게는 사용하지 않고, 식민지 국가의 노예나 살인자에게만 사용했습니다. 따라서 당시 사람들에게 십자가는 가까이 하기 꺼려지는 것이었습니다.

그러나 예수님이 인간을 위하여 십자가를 지시고 돌아가신 이후 그 의미를 깨달은 그리스도인들에게 십자가는 자랑스러운 것이 되었습니다. "그러나 내게는 우리 주 예수 그리스도의 십자가 외에 결코 자랑할 것이 없으니 그리스도로 말미암아 세상이 나를 대하여 십자가에 못 박히고 내가 또한 세상을 대하여 그러하니라"(갈 6:14).

그렇다면 과연 예수님의 십자가 고난에는 어떤 의미가 있기에 그리스도인에게 자랑이 될 수 있습니까? 본문을 통하여 함께 살펴보겠습니다.

1. 하나님으로부터 버림받으신 예수님(33-34절)

예수님은 유대 시간으로 제삼시, 즉 우리 시간으로 오전 9시에 십자가에 달리셨습니다. 그분은 십자가 위에서 온갖 조롱과 모욕을 당하시면서 피를 흘리셨습니다. 그러다가 제육시, 즉 정오가 되자 온 땅에 어둠이 임하여 제구시, 즉 오후 3시까지 계속되었습니다. 그때 예수님이 크게 소리를 지르셨습니다.

"엘리 엘리 라마 사박다니."

이 말을 번역하면 '나의 하나님, 나의 하나님 어찌하여 나를 버리셨나이까'라는 뜻입니다. 이것은 하나님과의 단절을 의미합니다. 예수님은 십자가 위에서 우리의 죄 때문에 하나님과의 단절을 경험하셨던 것입니다.

1) 하나님 아버지와의 단절

하나님과 예수님의 관계는 지금까지 끊어진 적이 없었습니다. 영원 전부터 계신 성삼위 하나님은 단절되신 적이 없으셨습니다. 그런데 예수님이 하나님 앞에서 인류의 모든 죄를 대신하여 심판을 받으실 때 십자가 위에서 예수님은 하나님과의 관계 단절을 경험하셨습니다.

그런데 이 하나님과의 단절은 아담 이후로 이 세상에 태어난 모든 사람이 처한 상황입니다. 아담이 에덴동산에서 범죄하고 하나님으로부터 내쫓긴 때로부터 시작하여 인간은 하나님과 단절된 상태로 죄 가운데 살고 있는 것입니다.

그리고 이러한 하나님과의 단절은 인간을 더 많은 죄로 이끕니다. 로마서 1장 28-31절은 다음과 같이 말씀합니다. "또한 그들이 마음에 하나님 두기를 싫어하매 하나님께서 그들을 그 상실한 마음대로 내버려 두사 합당하지 못한 일을 하게 하셨으니 곧 모든 불의, 추악, 탐욕, 악의가 가득한 자요 시기, 살인, 분쟁, 사기, 악독이 가득한 자요 수군수군하는 자요 비방하는 자요 하나님께서 미워하시는 자요 능욕하는 자요 교만한 자요 자랑하는 자요 악을 도모하는 자요 부모를 거역하는 자요 우매한 자요 배약하는 자요 무정한 자요 무자비한 자라."

우리 가운데 이 말씀에 나오는 죄들에 해당되지 않는 사람이 몇 사람이나 있겠습니까? 그런데 죄인인 우리를 위하여 예수님이 십자가를 지셨습니다. 영원 전부터 이어오던 하나님과의 교통은 끊어졌습니다. 예수님은 하나님 아버지로부터 버림을 받으셨습니다.

2) 예수님의 고난, 하나님의 사랑

예수님이 우리를 대신해서 당한 고통은 말로 다할 수 없습니다. 우리의 추악하고 더러운 죄를 예수님이 대신 지셨다는 것은 그만큼 우리를 사랑하셨기 때문입니다.

그런데 하나님이 왜 이런 일을 하셨습니까? 왜 하나밖에 없는 외아들을 십자가에 못 박혀 죽게 하셨습니까? 우리가 멸망당하지 않고 영원한 생명을 얻게 하시려고 하나님은 그렇게 하신 것입니다. 사도 요한은 이렇게 말했습니다. "사랑은 여기 있으니 우리가 하나님을 사랑한 것이 아니요 하나님이 우리를 사랑하사 우리 죄를 속하기 위하여 화목 제물로 그 아들을 보내셨음이라"(요일 4:10).

이것이 바로 사랑입니다. 왜 하나님이 당신의 아들을 제물로 바치셨습니까? 그 이유는 간단합니다. 우리는 죽었다 깨어나도 죄 값을 치를만한 화목제물을 마련할 수 없기 때문입니다. 그만큼 우리의 죄는 큽니다. 하나님의 아들의 생명과 맞바꾸어야 할

만큼 큽니다. 그러므로 죄가 용서 받기 위해서는 하나님이 당신의 아들을 화목제물로 바치는 길 외에 다른 방법이 없었던 것입니다.

그래서 우리는 십자가를 보면서 하나님의 사랑을 깨닫게 됩니다. 그리고 그 사랑에 감격하여 자랑하게 됩니다.

2. 십자가의 고난(35–37절)

우리는 이 땅을 사는 동안 여러 가지로 고난당합니다. 그 가운데 어떠한 것은 하나님이 우리를 낮추시기 위하여 일부러 허락하시는 고난이 있습니다. 바울에게 있었던 육체의 가시가 그러했습니다. "여러 계시를 받은 것이 지극히 크므로 너무 자만하지 않게 하시려고 내 육체에 가시 곧 사탄의 사자를 주셨으니 이는 나를 쳐서 너무 자만하지 않게 하려 하심이라"(고후 12:7). 이러한 고난은 우리의 연약함을 깨닫게 하고, 하나님 앞에서 자신을 낮추어 겸손하게 만듭니다. 그래서 그리스도의 능력이 우리 안에 머물게 합니다.

그렇지만 예수님이 당하신 십자가 고난은 다릅니다. 예수님이 당하신 고난의 원인은 예수님에게 있지 않았습니다. 예수님은 죄인인 인간을 위하여 고난당하셨던 것입니다. 그리고 그 고난은 특정한 한 부분의 고난이 아니라 몸과 마음이 모두 고통스러운 고난이었습니다.

1) 예수님의 심적 고난

예수님은 심적으로 고난을 당하셨습니다.

첫 번째로 예수님은 사랑하는 제자에게 배신을 당하셨습니다.

예수님은 가롯 유다를 사랑하셨습니다. 예수님이 가롯 유다에게 돈궤를 맡기신 것은 그를 사랑하고 신뢰하셨기 때문입니다. 또한 예수님은 가롯 유다가 예수님을 배반할 것을 아셨음에도 끝까지 사랑하셨습니다. "유월절 전에 예수께서 자기가 세상을 떠나 아버지께로 돌아가실 때가 이른 줄 아시고 세상에 있는 자기 사람들을 사랑하시되 끝까지 사랑하시니라"(요 13:1).

그러나 가롯 유다는 자신을 사랑하는 예수님을 배반했습니다. 그는 예수님을 은 30냥에 팔아넘겼는데, 이것은 당시 노예 한 명의 몸값이었습니다. 그는 자신을 사랑하는 스승을 노예 팔 듯 팔아넘겼던 것입니다. 사랑하는 제자 가롯 유다의 배신에 예수님은 심히 큰 고통을 받으셨을 것입니다.

그것만이 아닙니다. 예수님이 겟세마네 동산에서 체포당하실 때 제자들은 한 사람도 남김없이 도망쳤습니다. 수제자라고 불리던 베드로는 예수님을 3번이나 부인했습니다. 그것도 그냥 부인한 것도 아니라 저주하며 부인했습니다(마 26:69-75). 예수님이 받으신 고통이 얼마나 크셨겠습니까?

두 번째로 예수님은 사랑하는 이스라엘 백성에게 배신을 당하셨습니다. 예수님은 이스라엘 백성을 사랑하셔서 공생애 기간 동안 많은 사람을 고치셨습니다. 그러나 이스라엘 백성은 은혜를 원수로 갚았습니다. 그들은 빌라도 앞에서 예수님을 십자가에 못 박으라고 외쳤습니다(막 15:6-15). 그리고 지나가던 사람들은 예수님을 모욕하고 조롱했습니다(막 15:29-30).

세 번째로 예수님은 명예를 잃어버리셨습니다. 예수님은 십자가에서 명예를 빼앗기고 수치를 당하셨습니다. 예수님은 사람들 앞에서 옷이 모두 벗겨진 채 자신의 치부마저 드러내셨습니다. 본문 36절을 보면 한 사람이 달려가서 해면에 신 포도주를 적시어 예수님에게 주려고 했습니다. 이것은 예수님의 목숨을 얼마라도 연장시키기 위함입니다. 그런데 그 사람의 행동은 좋은 의도에서 나온 것이 아니었습니다. 예수님의 의식을 연장시켜 엘리야가 와서 예수님을 도와주는지 보자고 조롱하려는 것이었습니다.

십자가형은 생명만을 죽이는 형벌이 아니었습니다. 명예를 빼앗고 욕을 보이는 가장 잔인한 형벌이었습니다. 그럼에도 불구하고 예수님은 우리를 위하여 고난을 당하셨습니다.

2) 예수님의 육체적 고난

예수님이 겟세마네 동산에서 기도하시다가 잡혀서 가야바의 뜰로 끌려가신 것이 밤 1시경이었습니다. 예수님은 밤새도록 심문을 받으며 시달리셨습니다. 그러다가 이른 새벽에 빌라도의 관청에 끌려가서 빌라도의 심문을 받고 급기야는 사형선고를 받으셨습니다.

그 다음에 예수님은 빌라도의 군인들에게 끌려가 입고 계시던 옷을 다 벗김을 당하시고 홍포를 입게 되셨습니다. 예수님의 머리에는 가시관이 씌워졌고, 예수님은 말뚝에 묶이셨습니다. 로마 군병들은 억센 팔로 예수님을 채찍질했습니다. 당시 채찍은 다섯 갈래의 가죽 끈이 연결되어 있었습니다. 그리고 가죽 끈들의 끝에는 동물의 뼈나 쇳조각이 달려 있습니다. 사람의 등을 치면 다섯 고랑이 박히고, 박힌 것을 다시 당기면 등에 다섯 고랑이 파졌습니다. 예수님의 등은 갈기갈기 찢기고 피가 샘처럼 흘러 내렸습니다.

그렇게 처참하게 채찍에 맞으신 후 예수님은 십자가를 어깨에 걸머지고 골고다로 가셨습니다. 예수님은 가시는 동안 가다가 넘어지시고, 가다가 넘어지셨습니다. 그리고 결국 쓰러지셨습니다.

어쩔 수 없이 로마 군병들은 길을 지나가던 구레네 사람 시몬을 붙잡아 억지로 십자가를 지게 했습니다.

골고다에 도착했을 때 로마 군병들은 예수님의 옷을 벗기고 십자가에 눕혔습니다. 그리고 양손과 발에 대못을 박았습니다. 예수님의 이마에는 피와 땀이 흘렀고 상처 입은 곳마다 피가 흘러내렸습니다.

예수님은 이처럼 처참한 고난을 당하셨습니다. 바로 우리 때문입니다. "친히 나무에 달려 그 몸으로 우리 죄를 담당하셨으니 이는 우리로 죄에 대하여 죽고 의에 대하여 살게 하려 하심이라 그가 채찍에 맞음으로 너희는 나음을 얻었나니 너희가 전에는 양과 같이 길을 잃었더니 이제는 너희 영혼의 목자와 감독 되신 이에게 돌아왔느니라"(벧전 2:24-25).

예수님이 채찍에 맞으시므로 우리는 나음을 얻게 되었습니다. 예수님이 고난을 당하셨기 때문에 우리가 하나님 앞에 나아갈 수 있게 되었고, 하나님과 사랑의 교제를 나눌 수 있게 되었습니다. 예수님이 심적으로 고통을 당하셨기 때문에 우리가 마음에 평화를 누릴 수 있게 되었습니다. 예수님이 육체적으로 고통을 당하셨기 때문에 우리의 병이 예수님의 이름으로 나음을 얻을 수 있게 되었습니다.

3. 십자가의 복음(38절)

만약 예수님의 십자가 고난이 단지 한 인간의 처절한 고통으로 끝났다면 그것은 결코 복음, 즉 기쁜 소식이 될 수 없었을 것입니다. 그러나 예수님의 십자가 고난으로 말미암아 우리의 죄가 사함을 받았고, 우리는 하나님과 하나가 될 수 있었습니다. 십자가는 우리에게 죄로부터의 해방과 자유를 준 것입니다. 이러한 의미를 바르게 깨달을 때 십자가의 고난은 더 이상 고난이 아니라 복음이 될 수 있습니다.

1) 하나님 아버지와의 화목

예수님이 크게 소리를 지르시고 숨을 거두시자 성소 휘장이 위로부터 아래까지 찢어져 둘이 되었습니다. "예수께서 다시 크게 소리 지르시고 영혼이 떠나시니라 이에 성소 휘장이 위로부터 아래까지 찢어져 둘이 되고 땅이 진동하며 바위가 터지고"(마 27:50-51).

"성소 휘장"은 지성소와 성소 사이에 놓여있었습니다. 성소 휘장은 하나님이 임재해 계신 지성소를 성소의 나머지 부분과 분리시키는 역할을 했던 것입니다. 그리고 이것은 거룩하신 하나님과 죄인인 인간 사이의 단절을 의미합니다. 죄를 지은 인간은 하나님 앞에 나아갈 수 없는 것입니다. 성소 휘장을 지나 지성소로 가서 하나님에게 나아가는 것은 단 한 사람, 대제사장으로 제한되어 있었으며, 일 년에 단 한 번, 대속죄일에만 가능했습니다. 그 때에도 대제사장은 자신의 죄와 온 백성의 죄를 위하여 희생이 된 동물의 신선한 피를 가지고 가야만 거기에 들어갈 수 있었습니다.

그런데 예수님이 숨을 거두시자 성전 휘장이 위로부터 아래로 찢어졌습니다. 이 휘장은 높이가 18m나 되었습니다. 만약 이것을 인간이 했다면 아래에서부터 찢었을 것입니다. 그러나 성전 휘장은 위로부터 찢어졌습니다. 게다가 이 휘장은 두께가 2-3cm나 되었습니다. 쉽게 찢을 수 없는 두께입니다. 그러므로 성전 휘장이 찢어진 것은 전적으로 하나님이 하신 일입니다. 하나님이 성소 휘장을 찢으시고 인간의 다가옴을 허용하신 것입니다.

이것은 하나님과 인간 사이의 관계 회복을 의미합니다. 완전한 대제사장이신 예수님이 하나님이 임재하고 계신 지성소로 들어가셨습니다. 그리고 동물의 피가 아닌 당신의 피를 흘리셨습니다. 그 피로 말미암아 하나님과 우리의 관계가 회복된 것입니다. 그러므로 누구든지 그리스도를 의지하면 하나님 앞에 담대히 나아갈 수 있습니다. "그러므로 형제들아 우리가 예수의 피를 힘입어 성소에 들어갈 담력을 얻었나니 그 길은 우리를 위하여 휘장 가운데로 열어 놓으신 새로운 살 길이요 휘장은 곧 그의 육체니라"(히 10:19-20).

2) 자유와 해방의 복음

예수님이 이 땅에 오셔서 십자가에 달리신 목적은 우리에게 자유와 해방을 주시기 위함이었습니다. 예수님은 죄로 인한 압박과 서러움 속에 몸부림치는 인간을 위해 이 땅에 오셨습니다. 그리고 우리를 악한 마귀에게서 해방시키시고 모든 고통에서 벗어나게 하셨습니다.

"그가 찔림은 우리의 허물 때문이요 그가 상함은 우리의 죄악 때문이라 그가 징계를 받으므로 우리는 평화를 누리고 그가 채찍에 맞으므로 우리는 나음을 받았도다 우리는 다 양 같아서 그릇 행하여 각기 제 길로 갔거늘 야훼께서는 우리 모두의 죄악을 그에게 담당시키셨도다"(사 53:5-6).

채찍에 맞으시고 십자가에서 죽으신 예수님은 우리의 죄와 허물, 질병과 저주, 죽음을 청산하셨습니다. 예수님이 채찍에 맞으시므로 우리는 나음을 입게 되었습니다. 예수님이 저주를 받으셨기에 우리는 아브라함의 복을 받게 되었습니다. 예수님이 죽으셨기에 우리는 살아나게 되었습니다. 그러므로 십자가는 거리낌과 부끄러움이 아니라 우리의 자랑입니다.

결론

　예수님이 지신 십자가는 우리가 져야 할 십자가였습니다. 예수님이 당하신 고난은 우리가 당해야 할 고난이었습니다. 예수님이 받으신 형벌은 우리가 받아야 할 형벌이었습니다. 그러나 예수님이 우리를 위해 십자가를 지셨습니다. 우리 때문에 고난을 당하셨습니다. 그리고 우리를 대신하여 형벌을 받으셨습니다. 그러므로 예수님이 고난당하신 십자가 밑에 나오면 한사람도 남김없이 십자가의 사랑을 경험할 수 있습니다. 예수님은 누구든 긍휼히 여기시고 그 크고 놀라운 사랑으로 품으시며 구원의 은혜를 베푸십니다. 예수님의 십자가 고난의 진정한 의미를 받아들여 하나님의 축복을 받게 되시기를 주님의 이름으로 축원합니다.

십자가 고난의 의미

십자가형은 예수님이 사시던 때에 로마제국에서 가장 무섭고 잔인한 형벌이었습니다. 그래서 당시 사람들에게 십자가는 가까이 하기 꺼려지는 것이었습니다. 그러나 예수님이 십자가 위에서 돌아가신 이후 십자가의 의미를 깨달은 그리스도인에게 십자가는 자랑스러운 것이 되었습니다.

1. 하나님으로부터 버림받으신 예수님

아담 이후로 이 세상에 태어난 모든 사람은 죄 때문에 하나님과 단절되어 있었습니다. 그런데 예수님이 인간을 사랑하셔서 인간의 죄를 대신 지시고 십자가 위에서 돌아가셨습니다. 예수님은 인간의 죄 때문에 하나님으로부터 버림을 받으셨고, 하나님과의 관계 단절을 경험하셨습니다.

2. 십자가의 고난

예수님은 마음과 몸에 모두 고난을 받으셨습니다. 예수님은 사랑하는 제자들에게 배신을 당하셨습니다. 가룟 유다는 은 30냥을 받고 예수님을 팔았으며, 베드로는 예수님을 3번이나 부인했습니다. 이러한 마음의 고통 외에 육체적으로도 고통을 당하셔서 채찍에 맞으시고, 손과 발에 못 박히시고 십자가 위에서 돌아가셨습니다.

3. 십자가의 복음

십자가는 죄로부터의 해방과 자유를 줍니다. 예수님의 십자가 고난으로 말미암아 우리의 죄가 사함을 받았고, 하나님과 하나가 될 수 있었습니다. 그러므로 십자가의 의미를 깨달은 사람에게 십자가는 거리낌이나 부끄러움이 아니라 자랑입니다. 그리고 복음, 즉 기쁜 소식입니다.

 예수님이 고난당하신 십자가 밑에 나오면 하나님의 사랑을 경험할 수 있습니다. 예수님은 누구든 긍휼히 여기시고 그 크고 놀라운 사랑으로 품으시며 구원의 은혜를 베푸실 것입니다. 십자가 고난의 의미를 바르게 깨달아 예수님의 은혜와 사랑을 누리시기 바랍니다.

소망을 주는
십자가의
능력

소망을 주는 십자가의 능력 갈 2장

1. 율법에 대해 죽고 하나님에 대해 산 자(19절)
2. 그리스도와 함께 사는 자(20절)
3. 하나님의 은혜를 깨닫는 자(21절)

PART 2

십자가에
못 박힌 자

갈라디아서 2:19-21

십자가에 못 박힌 자

갈라디아서 2:19-21

●

"내가 율법으로 말미암아 율법에 대하여 죽었나니 이는 하나님에 대하여 살려 함이라 내가 그리스도와 함께 십자가에 못 박혔나니 그런즉 이제는 내가 사는 것이 아니요 오직 내 안에 그리스도께서 사시는 것이라 이제 내가 육체 가운데 사는 것은 나를 사랑하사 나를 위하여 자기 자신을 버리신 하나님의 아들을 믿는 믿음 안에서 사는 것이라 내가 하나님의 은혜를 폐하지 아니하노니 만일 의롭게 되는 것이 율법으로 말미암으면 그리스도께서 헛되이 죽으셨느니라"(갈 2:19-21).

누가복음 23장을 보면 예수님은 '해골'이라고 불리는 장소에서 십자가에 달리셨다고 기록되어 있습니다. "해골이라 하는 곳에 이르러 거기서 예수를 십자가에 못 박고 두 행악자도 그렇게 하니 하나는 우편에, 하나는 좌편에 있더라"(눅 23:33). 십자가가 서 있던 언덕을 헬라어로는 '크라니온'이라고 하는데 '해골'이라는 뜻입니다. 멀리서 볼 때 이 언덕이 해골처럼 생겼기 때문입니다. 그래서 예수님이 "해골이라 하는 곳"에 못 박히셨다고 말씀하고 있는 것입니다. 또한 이 언덕을 라틴어로는 '갈보리', 아람어로는 '골고다'라고 부릅니다.

그때 예수님의 십자가 양 옆에는 다른 두 개의 십자가가 서 있었습니다. 두 행악자가 함께 처형당할 준비를 하고 있었기 때문입니다. 그 가운데 한 명은 예수님을 비방했습니다. 그러나 다른 한편의 행악자는 예수님에게 "당신의 나라에 임하실 때에 나를 기억하소서"라고 요청했고, 그는 지금 주님 품에 있을 것입니다. "예수께서 이르시되 내가 진실로 네게 이르노니 오늘 네가 나와 함께 낙원에 있으리라 하시니라"(눅 23:43).

그런데 이 골고다는 2천여 년 전 십자가 사건의 현장일 뿐만 아니라 모든 인간이 경험하게 될 결단의 현장이기도 합니다. 예수님을 비방한 행악자는 예수 그리스도를 거부하고 끝까지 자기 고집대로 살다가 영원한 멸망에 떨어지게 될 사람들의 본보기라고 할 수 있습니다. 그리고 예수님의 긍휼을 구했던 다른 한편의 행악자는 하나님의 은혜를 구하여 구원받게 될 그리스도인의 본보기라고 할 수 있습니다.

더불어 우리는 한 가지를 더 기억해야 합니다. 그리스도인은 예수님을 향하여 "당신의 나라에 임하실 때에 나를 기억하소서"라고 말하며 예수님의 자비를 구할 뿐만 아니라 예수님의 죽음을 자신의 죽음으로 여기는 사람이라는 것입니다. 본문에 나오는 표현을 빌리자면 그리스도인은 "그리스도와 함께 십자가에 못 박혔나니"라고 고백할 수 있는 사람입니다. 예수님과 함께 십자가에 못 박혔다는 말의 의미를 본문을 통하여 함께 살펴보겠습니다.

1. 율법에 대해 죽고 하나님에 대해 산 자(19절)

본문 19절에서 바울은 자신이 하나님에 대하여 살기 위하여 율법에 대하여 죽었다고 말했습니다. "내가 율법으로 말미암아 율법에 대하여 죽었나니 이는 하나님에 대하여 살려 함이라"(갈 2:19).

율법은 하나님이 모세를 통하여 이스라엘 백성에게 주신 것입니다. 그런데 왜 바울은 자신이 율법에 대하여 죽었다고 말했습니까? 왜냐하면 인간은 율법의 요구를 완성할 수 없기 때문입니다. 하나님은 율법을 통하여 인간이 마땅히 걸어야 할 길을 보여주셨습니다. 그렇지만 연약함을 가진 인간은 율법을 통해서는 인간이 죄인이라는 것과 하나님의 의와 완전함에 미치지 못한다는 것만을 깨달을 수 있습니다. 그래서 바울은 로마서 7장 10절에서 "생명에 이르게 할 그 계명이 내게 대하여 도리어 사망에 이르게 하는 것이 되었도다"라고 말했던 것입니다.

1) 율법이 아닌 십자가의 사랑으로

바울은 자신이 율법에 대해 죽었다고 했습니다. 그는 더 이상 율법의 지배 아래 놓여 있지 않았던 것입니다. 그는 자신을 의롭게 할 수 있는 것은 율법적인 행위가 아니라는 것을 깨달았습니다. 오직 예수 그리스도의 십자가의 대속으로만 가능하다는 것을 성령님의 역사하심을 통해 깨닫게 된 것입니다.

기독교의 복음은 종교적 행위나 윤리와 도덕을 지키는 것에서 출발하지 않습니다. 언제나 십자가에서 출발을 합니다. 기독교의 복음은 의식과 제도와 종교가 아닌 십자가에서 몸 찢고 피 흘려 우리를 위해서 희생하신 예수님의 사랑으로부터 출발하는 것입니다.

"하나님의 사랑이 우리에게 이렇게 나타난 바 되었으니 하나님이 자기의 독생자를 세상에 보내심은 그로 말미암아 우리를 살리려 하심이라 사랑은 여기 있으니 우리가 하나님을 사랑한 것이 아니요 하나님이 우리를 사랑하사 우리 죄를 속하기 위하여 화목제물로 그 아들을 보내셨음이라"(요일 4:9-10).

2) 십자가를 통한 구원

바울은 하나님에 대하여 산 자, 곧 구원 받은 자가 되기 위하여 자신의 힘으로 율법의 요구를 완성해 보려는 노력을 완전히 포기하였습니다. 유대인으로서 율법에 대한 집착과 노력을 포기한다는 것은 결코 쉬운 일이 아니었습니다. 모든 유대인들은 율법을 지키는 것을 관습으로 알았고 그것을 지켜야만 축복과 구원을 얻는다고 배웠기 때문입니다. 그럼에도 바울은 단호하게 포기했습니다. 왜냐하면 율법에 대하여 죽지 않으면 결단코 하나님에 대하여 살지 못하기 때문이었습니다.

새찬송가 305장(통일찬송가 405장)인 '나 같은 죄인 살리신'은 그리스도인이라면 누구나 좋아하는 찬양입니다. 이 찬송가의 작사가는 존 뉴턴(John Newton)입니다. 그에게는 목회를 하면서도 마음에서 지워지지 않는 한 가지가 있었습니다. 그것은 바로 '나 같은 죄인도 용서받을 수 있을까?'였습니다. 왜냐하면 그는 젊었을 적에 아프리카에서 흑인들을 잡아다 노예시장에 팔았던 노예상인이었고 노예선의 선장이었기 때문이었습니다. 그는 1748년에 회심을 하고 예수님을 믿게 되었습니다. 그리고 목회를 하게 되었습니다. 그렇지만 목회를 하면서도 '나처럼 끔찍한 죄인이 용서받을 수 있을까?'라는 생각을 늘 가졌던 것입니다. 그러던 가운데 어느 날 그는 하나님의 음성을 듣고 자신의 죄도 사함을 받았다는 확신을 가지게 되면서 울며 시를 썼는데 이것이 바로 'Amazing grace'(어메이징 그레이스)입니다. '나 같은 죄인 살리신'은 이 'Amazing grace'의 가사를 우리말로 번역한 곡입니다.

그는 82살이 되어 임종하는 순간에 이런 말을 했다고 합니다.

"나는 지금 하나님 나라에 갑니다. 이제 내가 하나님 나라에 가면 세 번 놀라는 일이 있을 것입니다. 첫째, 전혀 생각 밖의 사람들이 하나님 나라에 와 있는 것을 보고 놀랄 것입니다. 둘째, 당연히 하나님 나라에 와 있을 것이라고 생각했던 그 사람이 하나님 나라에 없는 것을 보고 놀랄 것입니다. 셋째, 노예상인이었던 끔찍한 존 뉴턴이 예수님의 품에 안겨있는 것을 보고 세상 사람들이 모두 놀라게 될 것입니다."

율법은 그 조건에 맞는 사람에게만 구원을 선포합니다. 그래서 누구도 자격 조건에 맞지 않아 구원을 얻을 수 없습니다. 그렇지만 십자가의 복음은 누구든 예수 그리스도의 십자가를 의지하면 구원을 얻을 수 있다고 선포합니다. 그러므로 그리스도인은 십자가를 통하여 율법에 대해서는 죽었지만 하나님에 대하여는 산 자로 살아가야 합니다.

2. 그리스도와 함께 사는 자(20절)

본문 20절에서 바울은 자신이 그리스도와 함께 십자가에 못 박혔으며, 이제 자신 안에는 그리스도가 사신다고 고백했습니다. "내가 그리스도와 함께 십자가에 못 박혔나니 그런즉 이제는 내가 사는 것이 아니요 오직 내 안에 그리스도께서 사시는 것이라 이제 내가 육체 가운데 사는 것은 나를 사랑하사 나를 위하여 자기 자신을 버리신 하나님의 아들을 믿는 믿음 안에서 사는 것이라"(갈 2:20). 이것은 예수님의 은혜에 대하여 말하다가 너무나 놀라워서 순간적인 감흥으로 말한 것이 아닙니다. 우리는 성경을 통하여 바울이 실제로 그렇게 살았던 것을 확인할 수 있습니다. 우리도 바울처럼 살기 위하여 수고를 아끼지 말아야 할 것입니다.

1) 그리스도와 함께 십자가에 못 박힌 삶

우리는 십자가를 볼 때마다 거기에 자신도 함께 죽었음을 확인해야 합니다. 예수님이 십자가에 못 박힐 때 우리들도 그리스도와 함께 십자가에 못 박힌 것입니다. 그러므로 이제는 더 이상 내가 사는 것이 아니고 그리스도이신 예수님이 내 안에 사셔야 합니다. 그렇다면 내 안에 예수님이 사셔야 한다는 것은 무슨 의미입니까?

첫째로, 예수님이 내 삶의 주인이라는 의미입니다. 내 삶의 주인은 내가 아닙니다. 그러므로 내 생각과 내가 원하는 것을 추구하기 보다는 예수님이 원하시는 것을 추구해야 합니다.

둘째로, 예수님이 내 삶에 동행하신다는 의미입니다. 내 삶의 주인이신 예수님이 나와 함께 사십니다. 그러므로 예수님의 계획과 인도를 따라야 합니다.

셋째로, 나의 삶은 이제 새로운 삶이 되었다는 의미입니다. 즉 옛사람은 죽고 새로운 피조물이 된 것입니다(고후 5:17). 그러므로 새로운 피조물에 합당한 삶으로 변화되어야 합니다.

그런데 마귀는 우리에게 와서 십자가가 없는 신앙으로 유혹합니다. 십자가가 없는 신앙은 오만하고 자기중심적이고 탐욕을 따라 사는 것입니다. 그의 마음에 세상이 꽉 들어와서 '나는 너보다 낫다'고 말하며, 자기 뜻대로 행하려고 하고, 욕심에 사로잡혀서 사는 것을 말합니다.

그러나 십자가에 못 박힌 삶은 예수님이 삶의 주인이시기에 예수님을 따라가는 삶입니다. 우리가 살든지 죽든지 흥하든지 망하든지 성하든지 쇠하든지 주님에게 내어 맡기면 주님이 책임져 주실 것입니다.

2) 믿음으로 사는 그리스도인

바울은 자신이 그리스도와 함께 십자가에서 죽었기 때문에 그리스도를 위하여 살아야 한다는 것을 깨달았습니다. 그래서 그는 비록 연약한 육체 가운데 살고 있지만 그리스도를 믿는 믿음 안에서 산다고 고백한 것입니다. 죄악의 의지와 자아는 그리스도와 함께 십자가에서 사라지고 바울 안에는 그리스도만이 살게 되신 것입니다. 그러므로 믿음을 가지고 살아가는 우리들 또한 자신 안에 계신 그리스도의 뜻대로 살아가야 합니다. 그러할 때 우리는 우리를 향한 하나님의 뜻을 따라 의롭고 거룩하게 살 수 있습니다. "너희는 하나님으로부터 나서 그리스도 예수 안에 있고 예수는 하나님으로부터 나와서 우리에게 지혜와 의로움과 거룩함과 구원함이 되셨으니"(고전 1:30).

미국 샌프란시스코 차이나타운에 한 삼남매가 있었습니다. 맏형 춘삼은 목재가구와 나무 십자가를 만들어 동생들을 먹여 살렸습니다. 여동생은 집안일을 열심히 돌보았습니다. 그러나 남동생 춘팔은 도박에 빠져 헤어 나오지 못했습니다. 형이 아무리 설득해도 소용이 없었습니다.

하루는 춘팔이 도박판에서 돈을 모두 잃고 싸움을 하게 되었습니다. 형은 동생을 크게 다칠 위험에서 구해주며 이제 도박은 그만두라고 설득했습니다. 그렇지만 도박의 유혹을 이기지 못한 춘팔은 형에게 도박 빚을 갚지 않으면 목숨이 위태롭다고 거짓말을 하며 마지막 남은 통장을 달라고 졸랐습니다. 춘삼은 할 수 없이 춘팔에게 통장을 내어주며 도박 빚을 갚고 삼남매가 행복하게 살자고 말했습니다.

형에게서 받은 돈으로 도박을 한 춘팔은 운이 좋게 돈을 많이 벌었습니다. 그런데 돌아오는 길에 따라오던 불량배들과 싸우다 살인을 하게 되었습니다. 피투성이가 된 채 집으로 뛰어 들어온 춘팔은 공포에 질려 형에게 사실을 말하며 도움을 청했습니다.

　그때 경찰이 집을 포위하고 스피커로 자수를 외쳤습니다. 모든 것을 체념하고 사형을 각오하며 걸어 나가려는 춘팔을 돌려세우고 형 춘삼은 동생의 피 묻은 옷을 벗겨서 자신이 입었습니다. 그러고는 만들던 나무 십자가를 춘팔의 손에 꼭 쥐어주고 달려 나갔습니다. 춘삼은 경찰의 정지 명령에도 마구 달려 나갔습니다. 마침내 총성이 들리고 춘삼은 그 자리에 쓰러져서 죽었습니다. 잠시 후 경찰은 죽은 사람이 살인자 춘팔이 아니라 그의 형 춘삼이었음을 알게 되었습니다. 그렇지만 형 춘삼의 죽음을 감안하여 춘팔의 형(刑)을 감면해 주었습니다.

　그 후 춘팔의 삶은 완전히 바뀌었습니다. 도박을 끊고 형 대신 나무 십자가를 만들었습니다. 처음에는 볼품없던 십자가가 점점 죽은 형의 아름다운 작품을 닮아갔습니다. 그와 함께 그의 삶도 아름답게 변했습니다. 어느 날 형의 무덤을 찾은 춘팔은 두 개의 나무 십자가를 무덤에 꽂았습니다. 하나는 형이 만들었던 것이고, 다른 하나는 춘팔이 만든 것이었습니다. 그런데 그 둘은 구분하기 어려울 정도로 닮아 있었습니다. 그리고 춘팔의 십자가에는 편지가 매달려 있었습니다.

　"이제는 내가 사는 것이 아니요 오직 내 안에 그리스도께서 사시는 것이라"(갈 2:20).

3. 하나님의 은혜를 깨닫는 자(21절)

바울은 21절에서 "내가 하나님의 은혜를 폐하지 아니하노니 만일 의롭게 되는 것이 율법으로 말미암으면 그리스도께서 헛되이 죽으셨느니라"라고 말했습니다. 만약 인간이 율법을 지켜서 하나님과 바른 관계를 이어갈 수 있다면 군이 예수님이 십자가에서 돌아가실 이유가 없었을 것입니다. 그러나 인간 가운데 그 누구도 율법이 원하는 바를 완성하지 못합니다. 그러하기에 예수님이 십자가에 죽으심으로 율법을 완성하시고 하나님과 인간 사이의 길이 되셨습니다. 이것이 바로 하나님의 은혜입니다. 바울은 그 은혜를 너무나 분명하게 깨달은 사람이었습니다. 그리고 우리들 또한 바울과 같이 십자가를 통해서 하나님의 은혜를 깨달아야 합니다.

1) 막을 수 없는 하나님의 은혜

바울은 "내가 하나님의 은혜를 폐하지 아니하노니"라고 말합니다. 여기서 '폐하다'라는 말은 '쓸모없게 하다', 또는 '무효로 만들다'라는 뜻을 가지고 있습니다. 이것은 율법의 행위를 의지함으로 예수 그리스도의 십자가 죽으심과 하나님의 은혜를 무효로 만들지 않겠다는 바울의 결단입니다.

만일 율법으로 의롭게 될 수 있다면 예수님은 헛되이 돌아가신 것입니다. 그리고 예수님을 믿고 의지하는 바울의 신앙 또한 헛된 것입니다. 그러나 예수님의 죽음은 헛되지 않았습니다. 오직 그 죽으심으로 말미암아 죄인인 인간이 하나님 앞에서 의롭게 될 수 있기 때문입니다. 예수님의 십자가 죽음에서 전적으로 새로운 구원의 사건이 일어났습니다. 예수 그리스도의 십자가 죽음은 바로 하나님의 전적인 은혜입니다. 그리고 사람이 구원을 얻는 것은 율법의 행위가 아니라 예수 그리스도에 대한 믿음으로 말미암습니다. 어떤 죄도 그것을 막을 수 없습니다. 죄인을 긍휼히 여기시는 하나님의 은혜는 그 무엇도 막을 수 없는 것입니다. 그것을 알기에 바울은 하나님의 은혜를 쓸모없게 만들려는 모든 시도들을 거부했던 것입니다.

2) 믿음으로 의롭게 됨

바울이 의지하는 것은 예수 그리스도의 십자가 대속과 부활에 대한 믿음입니다. 그 믿음이 자신을 의롭게 하기 때문입니다. 우리도 바울과 같이 예수님을 믿습니다. 날 위하여 돌아가신 죽음을 믿으며, 날 위하여 다시 사신 부활을 믿습니다. 그러므로 이제 우리는 보통 사람이 아닙니다. 예수님과 함께 살아가는 사람입니다. 우리는 예수님으로 옷 입고 사는 사람입니다. 우리 안에 계시는 예수님이 우리의 의가 되십니다. 우리는 의롭게 살 힘이 없지만 우리 안에 계신 예수님이 의가 되셨기에 우리 안에 계신 예수님을 의지하면 예수님이 우리의 의가 되셔서 우리를 의롭게 살게 하시고 의의 열매를 맺게 하십니다. 그래서 바울은 고린도전서 15장 10절에서 "내가 나 된 것은 하나님의 은혜로 된 것이니 내게 주신 그의 은혜가 헛되지 아니하여 내가 모든 사도보다 더 많이 수고하였으나 내가 한 것이 아니요 오직 나와 함께 하신 하나님의 은혜로라"라고 고백했던 것입니다.

결론

우리는 예수님의 십자가를 통해 하나님에 대해 산 자가 되었습니다. 하나님과 바른 관계에 놓이게 되었고, 하나님의 자녀로 살아가며 영적 교제를 나눌 수 있게 되었습니다. 날마다 하나님의 은혜를 체험하며 예수님과 동행하며 살아갈 수 있게 된 것입니다. 그 은혜를 잊지 마시기 바랍니다. 예수 그리스도의 십자가보다 자신의 의로운 삶을 더 의지함으로 그 은혜를 쓸모없는 것으로 만들지 마시기 바랍니다. 그 무엇도 막을 수 없는 은혜가 우리에게 부어져 하나님의 은혜를 늘 사모하며 사시기를 주님의 이름으로 축원합니다.

십자가에 못 박힌 자

그리스도인은 예수님이 자신을 위해 십자가에 못 박히신 것을 믿는 사람일 뿐 아니라 예수님과 함께 십자가에 못 박힌 사람입니다. 그러므로 그리스도인은 예수님의 죽음을 자신의 죽음으로 여기며 살아가야 합니다.

1. 율법에 대해 죽고 하나님에 대해 산 자

율법으로는 누구도 구원을 받을 수 없습니다. 율법으로는 죄를 깨달을 뿐입니다. 그러므로 그리스도인은 율법의 행위를 의지하지 말고 예수 그리스도의 십자가 대속을 의지해야 합니다. 율법에 대해 죽고 하나님에 대해 산 자가 되어야 하는 것입니다.

2. 그리스도와 함께 사는 자

그리스도인은 그리스도와 함께 십자가에 못 박히고 그리스도와 함께 살아가는 사람입니다. 이것은 그리스도를 삶의 주인으로 모시고 사는 것이며, 죄의 노예로 살던 옛 삶을 청산하고 하나님의 자녀로서 새로운 삶을 사는 것입니다.

3. 하나님의 은혜를 깨닫는 자

인간은 율법이 원하는 바를 완성하지 못합니다. 그래서 늘 율법의 정죄 아래 살아갑니다. 그렇지만 예수님이 십자가에 죽으심으로 율법을 완성하셨습니다. 이것은 하나님의 은혜입니다. 그러므로 그리스도인은 그 은혜를 깨닫고 감사하며 살아야 합니다.

 그리스도인은 예수님의 십자가를 통해 하나님에 대해 산 자가 되었습니다. 하나님과 바른 관계에 놓이게 되었고, 하나님의 자녀로 살아가며 영적 교제를 나눌 수 있게 되었습니다. 그러므로 예수님과 동행하여 날마다 하나님의 은혜를 경험하시기 바랍니다.

소망을 주는 십자가의 능력 롬 5장

1. 하나님의 사랑을 등진 사람의 삶(6절)
2. 죽음으로 확증한 사랑(7-8절)
3. 예수님이 제시하시는 삶(9-11절)

PART 3

사랑의 확증인 십자가

로마서 5:6-11

사랑의 확증인 십자가

로마서 5:6-11

●

"우리가 아직 연약할 때에 기약대로 그리스도께서 경건하지 않은 자를 위하여 죽으셨도다 의인을 위하여 죽는 자가 쉽지 않고 선인을 위하여 용감히 죽는 자가 혹 있거니와 우리가 아직 죄인 되었을 때에 그리스도께서 우리를 위하여 죽으심으로 하나님께서 우리에 대한 자기의 사랑을 확증하셨느니라 그러면 이제 우리가 그의 피로 말미암아 의롭다 하심을 받았으니 더욱 그로 말미암아 진노하심에서 구원을 받을 것이니 곧 우리가 원수 되었을 때에 그의 아들의 죽으심으로 말미암아 하나님과 화목하게 되었은즉 화목하게 된 자로서는 더욱 그의 살아나심으로 말미암아 구원을 받을 것이니라 그뿐 아니라 이제 우리로 화목하게 하신 우리 주 예수 그리스도로 말미암아 하나님 안에서 또한 즐거워하느니라"(롬 5:6-11).

이스라엘 백성에게 출애굽은 분명 구원의 사건이었습니다. 그들은 놀라운 기적을 체험하며 애굽을 나왔습니다. 그러나 그들이 곧바로 가나안에 들어간 것은 아니었습니다. 광야의 삶이 그들을 기다리고 있었습니다. 하나님이 그들을 광야로 인도하셨기 때문입니다. 그리고 하나님은 광야에서 이스라엘 백성이 하나님을 경외하는 것을 배우고 하나님을 아는 지식으로 채워지기를 바라셨습니다.

"네 하나님 야훼께서 이 사십 년 동안에 네게 광야 길을 걷게 하신 것을 기억하라 이는 너를 낮추시며 너를 시험하사 네 마음이 어떠한지 그 명령을 지키는지 지키지 않는지 알려 하심이라 너를 낮추시며 너를 주리게 하시며 또 너도 알지 못하며 네 조상들도 알지 못하던 만나를 네게 먹이신 것은 사람이 떡으로만 사는 것이 아니요 야훼의 입에서 나오는 모든 말씀으로 사는 줄을 네가 알게 하려 하심이니라"(신 8:2-3).

우리도 구원을 받은 이후 이와 비슷한 경험을 합니다. 우리는 분명 예수 그리스도 안에서 구원을 받았습니다. 그러나 우리는 '이미 가나안'에 들어와서 약속의 땅을 차지한 것이 아닙니다. 우리는 '아직 광야'에 있습니다. 광야에는 괴로움과 죄가 있습니다. 굶주림과 헐벗음이 있습니다. 때로 슬픔과 고통을 만나기도 합니다. 우리는 이러한 세상 속에서 지금 살아가고 있습니다.

그러므로 이러한 세상 속에서 우리가 '구원받은 것을 어떻게 확신할 수 있느냐' 하는 것은 중요한 문제입니다. 이것을 확신할 수 있는 단 하나의 요소를 본문에서 찾는다면 그것은 바로 '하나님의 사랑'입니다. 본문에서 바울은 '하나님의 사랑'이라는 절대로 흔들리지 않는 토대 위에 신앙이 세워졌기에 그리스도인은 하나님의 구원에 대한 확신 가운데 살아가고 하나님 안에서 즐거워한다고 말했습니다.

그리고 이것은 십자가를 지고 갈보리 언덕을 오르신 예수님도 마찬가지셨습니다. 예수님은 하나님의 사랑에 대한 확신이 있으셨기에 십자가를 지고 죽음을 향하여 걸어가실 수 있으셨던 것입니다.

그러므로 오늘 여러분이 어떠한 어려움을 당하든지 그것 때문에 낙심하지 마시기 바랍니다. 하나님의 사랑은 우리가 그 모든 것을 능히 이기게 합니다. 그리고 약속의 성취를 향하여 나아가게 만듭니다. 오늘 우리가 살펴볼 십자가는 우리를 향한 하나님의 사랑을 확증합니다. 십자가를 통하여 하나님의 사랑에 대한 든든한 확신을 가지고 살게 되시기를 주님의 이름으로 축원합니다.

1. 하나님의 사랑을 등진 사람의 삶(6절)

아담과 하와는 하나님의 큰 사랑을 받았습니다. 그들에게는 하나님과의 자유로운 교제가 약속되어 있었고, 에덴동산이라는 정말 훌륭한 환경이 제공되어 있었습니다. 그러나 그들은 죄를 범함으로 인하여 하나님의 사랑을 등졌습니다. 그리고 아담과 하와 이후 이 땅을 사는 사람들은 아담과 하와가 걸었던 하나님의 사랑에 반대되는 길을 걸어가고 있습니다. 하나님의 사랑을 등진 사람이 어떻게 살아가는지 살펴보겠습니다.

1) 아담과 하와의 불순종

바울은 본문 6절에서 "우리가 아직 연약할 때에 기약대로 그리스도께서 경건하지 않은 자를 위하여 죽으셨도다"라고 말했습니다. 이 말씀을 통해 우리는 예수님을 믿기 이전의 인간이 어떠한 모습인가를 생각해 볼 수 있습니다. 두 단어를 살펴보겠습니다.

첫째는 "연약할 때"입니다. 여기서 '연약하다'는 것은 '무능하다'는 말과도 바꿔서 쓸 수 있을 것입니다. 인간은 누구나 연약합니다. 상처 입기 쉬운 육체를 가지고 있어서가 아닙니다. 물론 육체는 연약합니다. 그렇지만 마음은 육체보다 더 연약합니다. 쉽게 상처 입고, 쉽게 유혹에 빠집니다. 하나님과의 관계가 단절되어 있기에 영적으로나 도덕적으로 무능한 상태인 것입니다.

둘째는 "경건하지 않은 자"입니다. 하나님은 거룩하시며 완전하십니다. 그러나 인간은 거룩하지 않을 뿐만 아니라 오히려 거룩하신 하나님을 대적합니다. 따라서 인간의 삶은 더욱 불완전할 수밖에 없습니다.

그런데 이것은 하나님이 아담과 하와를 창조하셨을 때부터 그러했던 것은 아닙니다. 그들이 죄를 지은 이후 고통과 절망, 죄와 저주, 질병과 사망이 찾아온 것입니다.

2) 하나님을 떠난 이후의 삶

하나님을 떠난 이후의 삶은 성경에 너무나 잘 나타나 있습니다. 해산의 고통이 찾아오게 되었고, 땅은 가시와 엉겅퀴를 내게 되었습니다. 아담의 아들인 가인은 질투 때문에 그의 동생 아벨을 죽였습니다(창 4:1-8). 그 이후의 온갖 죄악들은 일일이 열거할 수조차 없습니다. 하나님을 떠난 이후의 삶은 죄의 관영입니다. 그것은 그들이 하나님을 그들의 마음에 두기를 싫어하기에 하나님이 그들을 그대로 내버려 두셨기 때문입니다. "또한 그들이 마음에 하나님 두기를 싫어하매 하나님께서 그들을 그 상실한 마음대로 내버려 두사 합당하지 못한 일을 하게 하셨으니"(롬 1:28).

그런데 성경은 그 끝이 멸망이라고 말씀합니다. "다만 네 고집과 회개하지 아니한 마음을 따라 진노의 날 곧 하나님의 의로우신 심판이 나타나는 그 날에 임할 진노를 네게 쌓는도다"(롬 2:5). 이것이 하나님의 사랑을 등진 사람에게 찾아오는 결말입니다.

2. 죽음으로 확증한 사랑(7-8절)

아담과 하와는 하나님의 사랑을 배신했습니다. 그 이후의 인간들도 하나님의 마음을 얼마나 아프게 했는지 모릅니다. 그러나 하나님은 여전히 그들을 사랑하셨습니다. 그리고 죽음으로 그 사랑을 확증하셨습니다.

1) 변함없는 하나님의 사랑

만약 하나님이 사람과 같으셨다면, 하나님은 이미 오래 전에 모든 인간을 다 멸해버리셨을 것입니다. 그러나 하나님은 그렇게 하지 않으셨습니다. 하나님은 변함없이 인간을 사랑하셨습니다. 하나님은 독생자 예수님을 보내실 것을 계획하셨고, 선지자들을 통해 약속하셨으며, 때가 이르렀을 때 그 약속대로 예수님을 보내셨습니다. 인간을 사랑하셨기에 하나님은 신실하게 당신의 구원계획을 이루어 가셨던 것입니다.

본문 6절을 보면 "우리가 아직 연약할 때에 기약대로"라고 말씀합니다. 우리가 가진 성경에는 '아직'이 한 번만 사용되었지만, 헬라어 원문을 보면 "아직(yet)"을 뜻하는 부사 '에티'가 두 번 쓰였습니다. 이것은 상태의 지속을 강조합니다. 인간의 지속적인 약함과 무기력에도 불구하고 하나님이 여전히 인간을 사랑하셨던 것입니다.

그런데 또한 "기약대로"라고 말씀합니다. 예수님이 인간을 위하여 돌아가셨는데, 그것은 이미 오래 전에 정해진 시간이 있었다는 것입니다. 하나님은 하나님을 떠나 반역한 인간을 위해서

아주 오래 전부터 구원을 계획하고 계셨던 것입니다. 이처럼 하나님의 사랑은 변함이 없었습니다.

2) 십자가에서 드러난 하나님의 사랑

그리고 십자가는 그 사랑을 확증합니다. 예수님이 십자가에 달리셨을 때, 우리는 아직 '연약한 존재들', 즉 '하나님의 뜻을 실천하지 않는 죄인들'이었습니다. 그러니 '하나님의 원수'일 수밖에 없었습니다. 바로 이런 상황에서 하나님은 '원수'들을 위하여 아들을 보내셨고, 이 아들은 '죄인'이며 '경건치 않은 자'들을 위해 십자가에 달리셨습니다. 이런 행동은 상식에서 벗어난 것입니다. 즉, 설명 자체가 불가능한 막무가내의 사랑입니다.

우리를 향한 하나님의 사랑이 바로 그러한 사랑입니다. 원수들을 위해 목숨을 내어주는 '대책 없는' 방식으로 하나님은 우리를 향한 당신의 사랑을 확증하셨던 것입니다.

하나님의 사랑에 대하여 깨닫게 하는 이야기가 있습니다. 마틴 루터(Martin Luther) 목사는 어느 날, 자신의 죄 때문에 너무나 아픈 마음을 가지고 잠이 들었습니다. 그는 자신의 죄가 절대로 용서받을 수 없다는 절망 가운데 빠져 있었습니다. 그 날 꿈속에서 한 천사가 흑판 위에 마틴 루터 목사의 모든 죄를 낱낱이 열거하고 있었습니다. 그런데 열거된 모든 죄목 위에 무언가가 쓰여 있었습니다. 그는 그 글을 읽어보았습니다.

"그 아들 예수의 피가 우리를 모든 죄에서 깨끗하게 하실 것이요."

요한일서 1장 7절에 있는 말씀이었습니다. 마틴 루터 목사는 이 말씀을 통해 자신의 모든 죄가 용서되었음을 깨닫고 기쁜 마음으로 깨어났다고 합니다.

이와 같이 예수 그리스도의 보혈로 깨끗하게 되지 못하는 죄는 아무것도 없습니다. 우리의 죄를 영원히 사해주시고 단번에 사해주심으로 말미암아 우리는 주님의 보호하심 아래 영원토록 살아갈 수 있습니다.

이러한 사랑을 받고 구원을 받았는데, 어떻게 구원의 확신이 흔들릴 수 있겠습니까? 바울이 로마교회의 성도들에게 주는 구원의 확신은 바로 이 죄인을 사랑하시는 하나님의 사랑에 근거하고 있습니다.

3. 예수님이 제시하시는 삶(9-11절)

예수님을 믿기 이전에 우리는 하나님과 원수였습니다. 그 결과로 절망과 불안, 저주와 가난, 질병과 사망에 대한 무거운 짐을 잔뜩 안고 살고 있었습니다. 그러나 예수님이 십자가를 지심으로 우리의 모든 무거운 짐을 대신 지셨습니다. 그러므로 누구든 십자가 밑에 나아가 자신의 짐을 내려놓는 사람은 쉼을 얻을 수 있게 되었습니다.

그렇다면 예수님은 우리에게 어떠한 삶을 약속하셨습니까? 우리를 구원하신 예수님이 우리에게 제시하시는 삶에 대하여 살펴보겠습니다.

1) 의로운 삶

성경은 우리에게 약속합니다. "그러면 이제 우리가 그의 피로 말미암아 의롭다 하심을 받았으니 더욱 그로 말미암아 진노하심에서 구원을 받을 것이니"(롬 5:9).

우리는 예수님의 피로 말미암아 의롭게 되었습니다. 우리의 모든 죄가 다 씻겼습니다. 그리고 우리는 거룩하고 정결하게 되었으며, 구원을 약속받았습니다.

이러한 의로운 삶은 우리와 하나님과의 관계가 화목한 관계가 되었음을 의미합니다. "곧 우리가 원수 되었을 때에 그의 아들의 죽으심으로 말미암아 하나님과 화목하게 되었은즉 화목하게 된 자로서는 더욱 그의 살아나심으로 말미암아 구원을 받을 것이니라"(롬 5:10).

하나님은 원수인 죄인들을 위하여 자기 아들을 내어 주심으로

써 인간의 죄에 대한 진노를 종식시키셨습니다. 그러므로 믿는 자는 이제 하나님과 화평을 누릴 수 있습니다. 그리고 성령님의 도우심으로 하나님을 "아바 아버지"라고 부를 수 있습니다. 더 이상 하나님의 원수로 살지 않습니다. 이제는 하나님의 사랑을 받는 자녀로 살아가게 되는 것입니다.

그러므로 더 이상 우리에게는 미래에 대한 두려움이 없습니다. 우리를 위하여 죽으신 예수님이 이제 우리를 위하여 사시며, 과거의 악한 세력들을 파괴하셨듯이 미래의 모든 위협들을 분쇄하실 것이기 때문입니다. "그러나 이 모든 일에 우리를 사랑하시는 이로 말미암아 우리가 넉넉히 이기느니라 내가 확신하노니 사망이나 생명이나 천사들이나 권세자들이나 현재 일이나 장래 일이나 능력이나 높음이나 깊음이나 다른 어떤 피조물이라도 우리를 우리 주 그리스도 예수 안에 있는 하나님의 사랑에서 끊을 수 없으리라"(롬 8:37-39). 그러니 이 의로운 삶이 얼마나 소중한지 모릅니다.

2) 하나님 안에서 즐거워하는 삶

뿐만 아니라 우리는 이제 하나님 안에서 즐거워하는 삶을 살 수 있습니다. 본문 11절은 다음과 같이 말씀합니다. "그뿐 아니라 이제 우리로 화목하게 하신 우리 주 예수 그리스도로 말미암아 하나님 안에서 또한 즐거워하느니라."

하나님의 은혜로 의롭게 되어 하나님과 화목하게 된 사람은 아무런 장애나 방해 없이 은혜의 영역, 곧 하나님의 임재하심 가운데 나아가 하나님의 무조건적인 사랑과 복을 마음껏 누리게 됩니다. "그러므로 우리는 긍휼하심을 받고 때를 따라 돕는 은혜를 얻기 위하여 은혜의 보좌 앞에 담대히 나아갈 것이니라"(히 4:16).

바울은 자신이 이렇게 놀라운 은혜를 입은 것을 깨달았습니다. 그러하기에 환난 중에도 즐거워했습니다. "다만 이뿐 아니라 우리가 환난 중에도 즐거워하나니 이는 환난은 인내를, 인내는 연단을, 연단은 소망을 이루는 줄 앎이로다"(롬 5:3-4).

바울뿐만 아니라 우리도 하나님의 놀라운 은혜를 입은 사람들입니다. 그러므로 우리는 이 땅을 사는 동안 예수 그리스도로 말미암아 하나님 안에서 즐거워해야 합니다. 그리고 우리를 향한 하나님의 사랑을 자랑해야 합니다.

오래 전에 대서양 항공편이 흔하지 않았을 때, 한 남자가 유럽에서 미국으로 여행하고 싶었습니다. 당시 배로 대서양을 횡단하려면 2~3주가 걸렸습니다. 그리고 비용 또한 만만치 않았습니다. 이 남자는 열심히 일한 돈을 모두 모아서 마침내 여객선의 승선권을 살 수 있었습니다. 그에게 남은 돈은 얼마 되지 않았습니다. 그래서 그는 여행 가방을 사서 치즈와 비스킷으로 가득 채웠고 돈은 바닥났습니다. 배에 오르자 모든 승객은 크고 화려한 식당에 모여 맛난 음식을 먹는데, 그는 혼자서 한쪽 구석으로 가서 자신이 가져온 치즈와 비스킷을 먹었습니다. 그렇게 며칠 동안 그는 식당에서 풍겨 오는 맛있는 음식 냄새를 맡으며 부러워해야 했습니다. 그는 식당 안에 있는 사람들이 배를 쓰다듬으면서 이번 여행이 끝나면 다이어트를 해야겠다는 말을 할 때마다 정말 견디기 어려웠습니다. 그도 식당에 가서 맛있는 음식을 마음껏 먹고 싶었지만 문제는 돈이 없다는 것이었습니다. 밤에 자리에 누워도, 식당 안에서 배불리 먹는 상상을 하다 보면 어느새 잠은 저만치 달아나 있었습니다. 행해가 끝나갈 무렵에 한 사람이 그에게 다가와 말했습니다.

"선생님, 식사 시간마다 저기에서 치즈와 비스킷을 드시던데 이유가 뭡니까? 왜 연회장에 들어와서 우리랑 같이 드시지 않습니까?"

이 말에 남자는 얼굴이 빨개졌습니다.

"솔직히 말씀 드리면 저는 승선권도 겨우 샀습니다. 좋은 음식을 먹을 여유가 안 됩니다."

그러자 상대편의 눈이 놀라움으로 동그래졌습니다. 그는 고개를 갸우뚱하며 말했습니다.

"선생님, 승선권에 음식값까지 포함된 것을 정말 모르십니까? 음식값은 이미 다 지불되었습니다."

이미 지불된 음식값을 알지 못했기에 자신이 마땅히 누릴 수 있는 것을 누리지 못했던 것입니다. 우리도 이 어리석은 사람과 같이 살아갈 때가 있습니다. 하나님의 놀라운 사랑을 받았지만 그것을 제대로 깨닫지 못했기에 누리지 못하며 살아가는 것을 말합니다.

분명 이 땅은 '아직 광야'이기에 어려움이 찾아올 수 있습니다. 그러나 우리는 우리를 향한 하나님의 사랑, 우리가 아직 죄인이었을 때 우리를 사랑하신 그 사랑을 확신해야 합니다. 그러면 그 사랑으로 말미암아 능히 모든 어려움을 이기게 될 것입니다.

결론

미래는 여전히 미래이며, 인생길은 여전히 협착합니다. 하지만 우리에게는 하나님의 사랑이 있습니다. 십자가를 바라보면 우리를 여기까지 이끈 십자가의 사랑이 앞으로 남은 여정에 대한 불안을 잠잠하게 합니다.

우리는 하나님으로부터 사랑을 받는 자녀입니다. 하나님은 독생자 예수님을 아낌없이 내어주실 만큼 우리를 사랑하셨습니다. 그러므로 하나님은 너무나 어렵게 다시 품으로 돌아온 자식을 절대로 버리지 않으실 것입니다. 그러므로 십자가를 바라보며 하나님의 사랑에 대한 확신을 가지시기 바랍니다. 그리고 예수 그리스도로 말미암아 하나님 안에서 즐거워하시기 바랍니다.

사랑의 확증인 십자가

이 세상에는 많은 고난과 유혹이 있습니다. 그렇지만 그리스도인은 하나님의 사랑 때문에 구원의 확신을 가질 수 있습니다. 그리고 십자가는 하나님의 사랑을 확증합니다. 그러므로 십자가 신앙을 확고히 가질 때 흔들리지 않는 믿음으로 살아갈 수 있습니다.

1. 하나님의 사랑을 등진 사람의 삶

아담과 하와는 하나님의 큰 사랑을 받았습니다. 그러나 그들은 하나님의 명령에 불순종하여 그 사랑을 등졌습니다. 그 후 아담과 하와의 후손인 인간은 하나님과 단절된 상태로 살아가게 되었습니다. 그 결과 죄 가운데 살아가게 되었으며, 하나님의 심판을 받게 되었습니다.

2. 죽음으로 확증한 사랑

예수님이 십자가에 달리셨을 때, 인간은 모두 하나님의 뜻을 실천하지 않는 죄인들로 하나님과 원수였습니다. 그러나 하나님은 인간을 사랑하셔서 그 아들 예수님을 보내셨고, 예수님은 인간을 위하여 십자가 위에서 돌아가셨습니다.

3. 예수님이 제시하시는 삶

예수님으로 말미암아 그리스도인은 하나님과 화평을 누릴 수 있게 되었습니다. 그리고 성령님의 도우심으로 하나님을 아바 아버지라고 부를 수 있게 되었습니다. 그러므로 그리스도인은 하나님의 자녀답게 살아야 합니다.

 인간은 미래를 알 수 없습니다. 그리고 인생길은 여전히 협착합니다. 그러나 그리스도인에게는 그를 자녀 삼으시고 사랑하시는 하나님 아버지가 계십니다. 그러므로 하나님의 사랑을 의지하여 어려운 일을 만나도 낙심하지 마시고 하나님의 도움을 구하시기 바랍니다.

소망을 주는
십자가의 능력 요 19장

PART 4

십자가에서
다 이루신 예수님

요한복음 19:28-30

소망을 주는 십자가의 능력 4 • 요한복음 19장

십자가에서 다 이루신 예수님

요한복음 19:28-30

●

"그 후에 예수께서 모든 일이 이미 이루어진 줄 아시고 성경을 응하게 하려 하사 이르시되 내가 목마르다 하시니 거기 신 포도주가 가득히 담긴 그릇이 있는지라 사람들이 신 포도주를 적신 해면을 우슬초에 매어 예수의 입에 대니 예수께서 신 포도주를 받으신 후에 이르시되 다 이루었다 하시고 머리를 숙이니 영혼이 떠나가시니라"(요 19:28-30).

2008년 5월 12일이었습니다. 오후 2시 30분에 중국의 쓰촨성 지방에 리히터 8.0 규모의 대지진이 발생했습니다. 당시 지진으로 약 8만 명의 사람이 사망하거나 실종된 것으로 집계되었습니다.

그런데 대지진 하루 뒤인 13일 오후 베이촨현 폐허 속에서 구조대는 두 팔을 땅에 짚고 무릎을 꿇은 웅크린 자세로 숨을 거둔 20대 여성을 발견했습니다. 식사 중에 젓가락을 채 놓을 새도 없이 사고를 당했을 텐데 여인은 몇 십 톤에 이르는 무너진 건물 잔해를 온몸으로 지탱하며 죽어있었습니다. 그런데 놀랍게도 그녀의 몸 안쪽에는 잠든 어린 아기가 있었는데, 구조대가 발견할 때까지 전혀 다치지 않았습니다. 더 놀라운 것은 여인은 건물 잔해를 지탱하여 죽어가면서도 아이에게 모유수유까지 했던 것입니다. 그리고 함께 발견된 휴대폰에 여인이 아이에게 남겨놓은 문자는 중국대륙을 눈물바다로 만들었다고 합니다.

"너무나 사랑스러운 내 아가, 만약 네가 살게 된다면 이것만은 기억해주길… 엄마는 너를 사랑한단다."

죽어가는 순간까지도 뜨거웠던 어머니의 사랑 이야기는 듣는 사람마다 마음에 깊은 울림을 줍니다.

그런데 우리에게는 이보다 더 깊은 울림을 주는 사랑 이야기가 있습니다. 바로 예수님의 이야기입니다. 예수님은 2천여 년 전 우리를 위해 십자가에 달리셨습니다. 죽을 수밖에 없는 죄인을 구하시기 위하여 당신의 목숨을 내어놓으셨던 것입니다.

예수님은 돌아가시기 전 "다 이루었다"라고 말씀을 하신 후 고개를 숙이셨습니다. 이것은 예수님이 이 세상에 오신 목적을 온전히 성취하셨다는 뜻입니다. 그렇다면 예수님은 십자가에서 무엇을 다 이루셨습니까? 본문의 말씀을 통하여 예수님이 십자가에서 이루신 것들에 대하여 살펴보겠습니다.

1. 십자가에서 하나님의 말씀을 성취하신 예수님 (28절)

예수님은 인간을 구원하시려는 하나님의 계획 때문에 이 세상에 오셨습니다. "하나님이 세상을 이처럼 사랑하사 독생자를 주셨으니 이는 그를 믿는 자마다 멸망하지 않고 영생을 얻게 하려 하심이라 하나님이 그 아들을 세상에 보내신 것은 세상을 심판하려 하심이 아니요 그로 말미암아 세상이 구원을 받게 하려 하심이라"(요 3:16-17).

예수님의 탄생은 약속의 성취였고, 예수님의 삶 또한 약속의 성취였습니다. 그리고 예수님의 죽음 또한 약속의 성취였습니다. 본문 28절은 "그 후에 예수께서 모든 일이 이미 이루어진 줄 아시고 성경을 응하게 하려 하사 이르시되 내가 목마르다 하시니"라고 말합니다. 예수님은 하나님이 자신을 이 땅에 보내신 모든 목적을 완전히 성취하셨음을 알고 계셨던 것입니다. 그래서 성경의 다른 말씀 또한 이루시기 위하여 "내가 목마르다"라고 말씀하셨습니다. 예수님은 마지막 순간까지 하나님의 약속을 성취하는 일에 드려지셨던 것입니다.

1) 목마르신 예수님

예수님은 십자가를 지시기 전에 채찍에 맞으셨습니다. 그리고 머리에 가시관을 쓰셨습니다. 따라서 십자가에 달리시기 전에 이미 많은 피를 흘리신 상태셨습니다. 게다가 구레네 사람 시몬이 십자가를 대신 지기 전까지 많은 땀을 흘리셨고, 골고다 언덕에 이르기까지 걷는 동안에도 많은 땀을 흘리셨습니다. 더욱이 십자가에 못 박히신 후에 거의 여섯 시간 동안을 십자가에 매달려 계셨습니다. 그러므로 예수님은 극심한 갈증을 느끼셨을 것입니다. 예수님은 완전한 하나님이시지만, 동시에 완전한 인간이시기에 인간이 느끼는 목마름의 고통 가운데 계셨던 것입니다.

초대교회 시대 이단인 영지주의자들은 예수님은 하나님이시기 때문에 고통을 느끼실 수 없으셨다고 주장했습니다. 그들은 예수님이 십자가를 지시기는 했으나 실제로는 아무런 고통도 맛보지 않으셨다고 생각했던 것입니다. 어쩌면 그들은 예수님의 하나님 되심을 강조함으로 예수님을 높였다고 생각했을지도 모릅니다.

그러나 그것은 예수님에 대한 오해였습니다. 성경이 말하는 예수님은 인간과 똑같이 고통을 당하신 분입니다. "오직 우리가 천사들보다 잠시 동안 못하게 하심을 입은 자 곧 죽음의 고난 받으심으로 말미암아 영광과 존귀로 관을 쓰신 예수를 보니 이를 행하심은 하나님의 은혜로 말미암아 모든 사람을 위하여 죽음을 맛보려 하심이라"(히 2:9).

본문에서 사도 요한은 예수님이 갈증을 느끼셨다는 것을 강조합니다. 그는 예수님이 인간이셨으며, 진정으로 십자가의 아픔과 고통을 경험하셨음을 증언하고 있는 것입니다. 예수님이 당하신 목마름은 우리가 당해야 할 고통이었습니다. 그렇지만 예수님이 대신 그 고통을 당하셨습니다. 우리를 사랑하셨기 때문입니다.

2) 하나님 아버지의 말씀에 순종한 죽음

예수님의 목마름은 육체적인 목마름이 분명합니다. 그러나 동시에 이것은 의로운 자가 겪는 고통과 소외와 멸시를 나타냅니다. 예수님은 의에 주리고 목이 마르셨던 것입니다.

더불어 "내가 목마르다"라는 말은 하나님의 일을 이루시려는 갈급함으로 영적인 목마름을 나타냅니다. "성경을 응하게 하려 하사 이르시되 내가 목마르다 하시니"(요 19:28 하반절). 예수님은 목마름의 고통 가운데 계셨습니다. 그런데 "내가 목마르다"라고 말씀하심으로 성경의 예언을 성취하시려고 했습니다. 이것은 시편에서 예언한 말씀을 응하게 하신 것입니다. "그들이 쓸개를 나의 음식물로 주며 목마를 때에는 초를 마시게 하였사오니"(시 69:21).

예수님은 십자가에 달리시기 전에 이미 당신의 죽음에 대하여 알고 계셨습니다. "유월절 전에 예수께서 자기가 세상을 떠나 아버지께로 돌아가실 때가 이른 줄 아시고 세상에 있는 자기 사람들을 사랑하시되 끝까지 사랑하시니라"(요 13:1).

그리고 예수님은 성경의 약속이 이제 이루어졌음을 아셨습니다. 그래서 성경의 다른 약속을 또한 이루기 원하셨던 것입니다. 이처럼 예수님은 돌아가시기 직전까지 하나님 아버지의 말씀에 순종하여 성경의 약속을 성취하셨습니다.

2. 십자가에서 유월절 어린 양이 되신 예수님(29절)

예수님이 "내가 목마르다"라고 하시자 사람들은 신 포도주를 적신 해면을 우슬초에 매어 예수님의 입에 대었습니다. 이로써 시편 69편 21절 하반절의 "목마를 때에는 초를 마시게 하였사오니"라는 말씀이 이루어졌습니다. 그런데 우리는 여기에 "우슬초"가 사용된 것에 주목해야 합니다. 이 우슬초는 오래 전 이스라엘 백성들이 애굽에서 나올 때 문기둥에 유월절 어린 양의 피를 뿌리기 위하여 사용된 도구였습니다. 즉, 사도 요한은 우슬초를 통하여 예수님이 새로운 유월절의 어린 양이시며, 그의 피가 이스라엘과 온 인류의 구원을 이룬다는 것을 보여주고 있는 것입니다.

1) 유월절 어린 양의 피

이스라엘 백성이 애굽의 노예에서 해방될 때였습니다. 애굽 왕 바로는 거듭된 재앙에도 불구하고 완악한 마음으로 하나님의 말씀에 불순종하여 이스라엘 백성을 내보내지 않았습니다. 그러다가 가장 마지막에 찾아온 것이 하나님이 애굽의 모든 장자들을 치시는 재앙이었습니다. 그때 이스라엘 백성은 하나님의 명령에 따라 어린 양을 취하여 그 피를 문 인방과 좌우 설주에 뿌렸습니다. 그 밤 애굽의 장자들이 모두 죽임을 당할 때 어린 양의 피를 바른 곳마다 심판을 피할 수 있었습니다. 어린 양의 피를 바를 때 썼던 것이 바로 우슬초였습니다.

"모세가 이스라엘 모든 장로를 불러서 그들에게 이르되 너희는 나가서 너희의 가족대로 어린 양을 택하여 유월절 양으로 잡고 우슬초 묶음을 가져다가 그릇에 담은 피에 적셔서 그 피를 문 인방과 좌우 설주에 뿌리고 아침까지 한 사람도 자기 집 문 밖에 나가지 말라 야훼께서 애굽 사람들에게 재앙을 내리려고 지나가실 때에 문 인방과 좌우 문설주의 피를 보시면 야훼께서 그 문을 넘으시고 멸하는 자에게 너희 집에 들어가서 너희를 치지 못하게 하실 것임이니라"(출 12:21-23).

그리고 사도 요한은 본문에서 특별히 우슬초에 대하여 언급함으로써 유월절 어린 양으로 돌아가신 예수님에 대해서 증거하고 있는 것입니다. 실제로 예수님이 운명하신 시간은 오후 3시로 성전에서 유월절 희생양이 죽임을 당하는 시간과 거의 일치하는 것을 볼 수 있습니다. 이처럼 예수님의 보혈은 이스라엘 백성을 구원하기 위해 뿌려졌습니다. 그리고 그 구원은 이제 온 세상에 미치게 되었고, 우리에게까지 이르게 되었습니다.

2) 보혈의 의미

그러면 예수님의 보혈은 우리에게 어떤 의미를 갖습니까?

첫째로, 예수님의 보혈은 대속의 능력이 있습니다. 구약시대에는 하나님 앞에 죄를 범했을 때 짐승의 피로 제사를 드려 죄를 씻음 받았습니다. 그런데 예수님은 하나님과 우리의 교통을 위해서 당신의 몸을 드려 영원한 속죄제물이 되셨습니다. 그러므로 누구든지 십자가에서 피 흘리며 돌아가신 예수님이 자신의 죄를 위해 죽으셨다는 사실을 믿을 때 하나님의 심판의 재앙을 면할 수 있습니다. 주님의 보혈을 의지할 때 하나님과의 관계를 회복시켜 주시는 것입니다.

둘째로, 예수님의 보혈은 우리를 정결하게 합니다. 주님의 보혈은 우리를 죄에서 깨끗하게 하실 뿐만 아니라 마음과 육신도 깨끗하게 하시는 능력이 있습니다.

"하물며 영원하신 성령으로 말미암아 흠 없는 자기를 하나님께

드린 그리스도의 피가 어찌 너희 양심을 죽은 행실에서 깨끗하게 하고 살아 계신 하나님을 섬기게 하지 못하겠느냐"(히 9:14).

아담과 하와 이후로 타락하여 더럽혀진 우리의 성품과 양심은 무엇으로 깨끗하게 할 수 있습니까? 도덕적인 서적을 많이 읽으면 깨끗하게 될 수 있습니까? 아니면 심신을 단련하고 개인수양을 오래도록 하면 됩니까? 아닙니다. 오직 예수 그리스도의 보혈로만 깨끗하게 될 수 있습니다.

셋째로, 예수님의 보혈은 우리를 승리하게 합니다. 사람들은 예수님이 십자가에서 돌아가셨을 때 실패한 것처럼 생각했습니다. 그렇지만 예수님은 죽음에서 부활하셨고, 죽음으로부터 승리하셨습니다. 그리고 우리에게 승리를 주셨습니다. 그러므로 우리는 어린 양의 보혈로 악에 대해 승리할 수 있습니다. "또 우리 형제들이 어린 양의 피와 자기들이 증언하는 말씀으로써 그를 이겼으니 그들은 죽기까지 자기들의 생명을 아끼지 아니하였도다"(계 12:11).

2차 세계대전 당시 영국에 맥스웰 화이트(Maxwell Whyte)라는 목사님이 있었습니다. 그때 독일은 교전국인 영국에 폭격기를 보내어 공습을 하곤 했습니다. 그래서 영국 사람들은 독일 폭격기의 공습 때문에 공포에 떨고 있었습니다. 그런데 맥스웰 화이트 목사님은 매일 밤 잠들기 전에 예수님의 보혈로 그가 살던 집과 그 가족을 덮어달라고 기도했습니다. 그는 나중에 간증하기를

"언제 우리에게 폭탄이 떨어질지 모르는 위험 속에 살면서도 우리는 아이들과 함께 매일 밤 한 번도 깨지 않고 편안히 누워서 잘 수 있었습니다. 그때 우리를 보호해주셨던 예수님의 보혈의 능력이 너무도 생생해서 마치 우리가 어떤 종류의 폭탄에도 끄떡없는 튼튼한 방공호 속에서 잠을 자는 것 같았습니다. 그러던 어느 날, 우리 집 중심으로 반경 1.2km 이내에 13개의 폭탄이 떨어졌을 때에도 건물의 일부가 사소한 피해를 입었을 뿐 가족 모두가 무사했습니다"라고 말했습니다.

이처럼 예수님은 지금도 살아서 역사하십니다. 따라서 우리가 예수 그리스도의 보혈을 의지할 때 그 보혈의 능력을 체험할 수 있습니다.

3. 십자가에서 다 이루신 예수님(30절)

예수님은 신 포도주를 받으신 후 "다 이루었다"라고 하시고 돌아가셨습니다. 여기서 "다 이루었다"는 말은 헬라어로 '테텔레스타이'인데, 완료형으로 어떤 목적이나 일이 '완성되었다' 또는 '완전히 성취되었다'라는 의미입니다. 예수님은 하나님이 자신에게 위탁하신 하나님의 궁극적인 구속 사역, 즉 십자가 죽음을 통한 구원의 역사를 완전하게 다 이루셨음을 선언하셨던 것입니다.

1) 완전한 승리와 자유

예수님은 십자가에서 승리하셨습니다. 그렇다면 예수님의 십자가 승리는 우리에게 어떤 결과를 가져다 줍니까?

예수 그리스도의 십자가를 통해 죄악의 담이 무너지고, 죄인을 향한 하나님의 진노가 사라졌습니다. 그리고 하나님과 사람 사이에 화목이 이루어지게 되었습니다. 그 증거로서 하나님은 성령을 우리에게 부어주셔서 우리가 하나님을 향하여 아바 아버지라 부르게 하셨습니다.

또한 하나님은 십자가를 통해 죄와 저주, 가난과 질병으로부터 자유를 주셨습니다. 죄는 죄 사함으로, 저주는 축복으로, 가난은 부요로, 질병은 치유로 변화시켜주신 것입니다.

그리고 예수 그리스도가 십자가에 못 박혀 "다 이루었다" 하시며 운명하신 그 시간에 마귀는 이 세상 보좌에서 쫓겨나 버렸습니다. 마귀는 십자가에서 패배했습니다. 그러므로 이제 마귀는 우리의 영혼과 육체를 도둑질하고 죽이고 멸망시킬 합법적인 권리가 없습니다.

2) 끝이 아니라 새로운 시작

사람들은 예수님의 십자가를 끝으로 보았습니다. 예수님을 모함하여 돌아가시게 한 제사장과 바리새인들은 이제 자신들을 골치 아프게 만드는 일이 끝났다고 생각했을 것입니다. 마귀 또한 자신이 승리했다고 생각했을 것입니다.

그런데 예수님의 십자가는 끝이 아니라 승리와 영광의 새로운 시작이었습니다. 예수님은 십자가에서 죽으심으로 모든 정사와 권세를 이기셨습니다. 성경은 예수님이 십자가로 승리하셨다고 증거합니다. "통치자들과 권세들을 무력화하여 드러내어 구경거리로 삼으시고 십자가로 그들을 이기셨느니라"(골 2:15).

그러므로 이제 하늘과 땅에 있는 모든 것은 예수님의 이름 앞에 무릎을 꿇습니다. 예수님은 하늘과 땅의 모든 권세를 가지신 분이시기 때문입니다. "예수께서 나아와 말씀하여 이르시되 하늘과 땅의 모든 권세를 내게 주셨으니"(마 28:18).

그리고 하늘과 땅의 모든 권세를 가지신 예수님은 제자들을 모든 민족에게 파송하시며 명령하셨습니다. "그러므로 너희는 가서 모든 민족을 제자로 삼아 아버지와 아들과 성령의 이름으로 침례를 베풀고 내가 너희에게 분부한 모든 것을 가르쳐 지키게 하라 볼지어다 내가 세상 끝날까지 너희와 항상 함께 있으리라 하시니라"(마 28:19-20).

우리는 예수님이 우리에게 맡기신 사명에 충성해야 합니다. 십자가 사건의 의미를 설명해 주어야 하며, 십자가 사건은 끝이 아니라 온 인류를 향한 하나님의 새로운 시작임을 선포해야 합니

다. 그러할 때 예수님의 능력이 우리의 삶 가운데 역사하게 될 것
입니다.

결론

예수님은 십자가 위에서 우리의 구원을 위해 필요한 것을 다
이루시고 승리하셨습니다. 그러므로 우리는 말씀을 성취하신 예
수 그리스도를 따라 살아야 합니다. 더불어 예수 그리스도의 십
자가 보혈의 능력을 믿고 날마다 승리하는 삶을 살아야 합니다.

성경은 "십자가의 도가 멸망하는 자들에게는 미련한 것이요
구원을 받는 우리에게는 하나님의 능력이라"고 말씀합니다(고전
1:18). 그러므로 예수 그리스도가 지신 십자가를 부끄럽게 여기지
마시고 자신의 능력으로 여기시기 바랍니다. 그리고 승리하신 예
수님을 따라 승리를 선포하시기 바랍니다. "예수님이 나를 대신
하여 돌아가심으로 말미암아 나는 죄로부터 자유를 얻었습니다.
나는 하나님의 자녀로 새롭게 태어났습니다. 나는 질병으로부터
치유를 받았습니다. 나는 저주와 가난에서 벗어나 축복과 부요함
을 얻었습니다. 할렐루야!" 이러한 믿음의 선언 위에 하나님이
놀라운 응답으로 역사하실 것입니다.

십자가에서 다 이루신 예수님

예수님은 십자가 위에서 "다 이루었다"라고 말씀을 하신 후 돌아가셨습니다. 이것은 예수님이 이 땅에 오신 목적을 온전히 성취하셨다는 뜻입니다.

1. 십자가에서 하나님의 말씀을 성취하신 예수님

예수님은 인간을 구원하시려는 하나님의 계획 때문에 이 세상에 오셨습니다. 예수님의 탄생이 약속의 성취였고, 예수님의 삶이 약속의 성취였습니다. 그리고 마지막 돌아가시는 순간까지 예수님은 하나님의 약속을 성취하는 일에 자신을 드리셨습니다.

2. 십자가에서 유월절 어린 양이 되신 예수님

예수님은 유월절 어린 양으로 돌아가셨습니다. 예수님의 보혈은 이스라엘뿐만 아니라 온 인류를 구원하기 위해 뿌려졌습니다. 그 피로 말미암아 모든 죄가 씻기고 하나님과 화목을 누릴 수 있게 되었습니다.

3. 십자가에서 다 이루신 예수님

예수님은 죽기까지 하나님의 말씀에 순종하셨습니다. 그리고 하나님의 궁극적인 구속 사역, 즉 십자가 죽음을 통한 인류 구원의 역사를 완전하게 다 이루셨습니다. 예수님의 십자가를 통하여 죄악의 담이 무너지고, 죄인을 향한 하나님의 진노가 사라졌습니다. 그리고 그리스도인은 십자가를 통하여 죄와 저주, 가난과 질병으로부터 자유를 얻게 되었습니다.

 예수님은 십자가 위에서 우리의 구원을 위해 필요한 것을 다 이루시고 승리하셨습니다. 그러므로 그리스도인은 말씀을 성취하신 예수 그리스도를 따라 살아야 합니다. 그러면 예수 그리스도의 십자가 보혈의 능력으로 말미암아 날마다 승리할 수 있습니다.

소망을 주는
십자가의 능력 고전 1장

1. 십자가에 못 박힌 그리스도(22 – 23절)
2. 하나님의 능력과 지혜(24 – 25절)
3. 하나님의 택하심과 심판(26 – 29절)

PART 5

하나님의 능력과 지혜의 십자가

고린도전서 1:22-29

하나님의 능력과
지혜의 십자가

고린도전서 1:22-29

"유대인은 표적을 구하고 헬라인은 지혜를 찾으나 우리는 십자가에 못 박힌 그리스도를 전하니 유대인에게는 거리끼는 것이요 이방인에게는 미련한 것이로되 오직 부르심을 받은 자들에게는 유대인이나 헬라인이나 그리스도는 하나님의 능력이요 하나님의 지혜니라 하나님의 어리석음이 사람보다 지혜롭고 하나님의 약하심이 사람보다 강하니라 형제들아 너희를 부르심을 보라 육체를 따라 지혜로운 자가 많지 아니하며 능한 자가 많지 아니하며 문벌 좋은 자가 많지 아니하도다 그러나 하나님께서 세상의 미련한 것들을 택하사 지혜 있는 자들을 부끄럽게 하려 하시고 세상의 약한 것들을 택하사 강한 것들을 부끄럽게 하려 하시며 하나님께서 세상의 천한 것들과 멸시 받는 것들과 없는 것들을 택하사 있는 것들을 폐하려 하시나니 이는 아무 육체도 하나님 앞에서 자랑하지 못하게 하려 하심이라"(고전 1:22-29).

어떤 부자에게 3명의 아들이 있었습니다. 그는 자신이 세상을 떠나기 전 지혜로운 아들에게 사업을 물려주고 싶었습니다. 그래서 아들들에게 각각 50만원씩 주면서 안방을 가득 채울 수 있는 물건을 구입해 오라고 했습니다.

저녁이 되자, 큰 아들이 자신만만하게 건초더미를 수레에 가득

신고 왔습니다. 아버지는 실망한 눈빛으로 앞마당 구석에 내려놓으라고 했습니다.

잠시 후 둘째 아들 또한 의기양양하게 솜뭉치를 수레에 가득 싣고 왔습니다. 그러자 아버지는 큰 아들 때와 마찬가지로 실망한 눈빛으로 앞마당 구석에 있는 건초더미 옆에 내려놓으라고 말했습니다.

아버지는 조금 낙심한 모습으로 셋째 아들을 기다렸습니다. 그런데 얼마 후 셋째 아들이 왔는데 빈손으로 왔습니다. 의아한 아버지가 물었습니다.

"너는 왜 빈손으로 왔느냐?"

그러자 셋째 아들이 대답했습니다.

"네 아버지, 저는 길거리에서 불쌍한 사람들에게 그 돈으로 빵을 사서 대접하고, 남은 돈으로 양초를 사가지고 왔습니다."

말을 마친 셋째 아들은 안방으로 들어가서 양초에 불을 밝혔습니다. 그러자 어두운 방안이 빛으로 가득 차게 되었습니다.

그제야 아버지는 기쁨이 가득한 모습으로 셋째 아들의 지혜를 칭찬했습니다. 그리고 자신의 사업을 지혜로운 셋째 아들에게 물려주었습니다. 셋째 아들은 돈을 어디에 써야 하는지 알았고, 지혜롭게 쓸 줄 알았기 때문입니다.

그런데 지혜로운 행동으로 아버지를 기쁘게 했던 셋째 아들의 모습에서 우리는 십자가에 달리신 예수님의 모습을 발견하게 됩니다. 예수님은 자신의 삶이 무엇을 위하여 쓰여야 하는지 아셨습니다. 예수님은 당신을 이 땅에 보내신 하나님 아버지의 뜻에 순종하는데 당신의 삶을 드리셨던 것입니다. 그리고 세상의 지혜가 아니라 하나님의 지혜를 따라서 그 모든 일을 감당하셨습니다. 예수님은 오직 하나님을 신뢰하심으로 십자가를 지셨고, 세상의 지혜를 깨뜨리고 하나님의 지혜를 드러내셨으며, 십자가의 능력을 나타내셨습니다.

그리고 이제 예수님은 그 십자가를 지고 당신을 따르라고 우리를 부르십니다. 본문을 통하여 십자가에 나타난 하나님의 능력과 지혜를 깨달아 세상 속에서 승리하시기를 주님의 이름으로 축원합니다.

1. 십자가에 못 박힌 그리스도(22-23절)

바울이 살던 당시 십자가는 가장 끔찍한 사형도구였습니다. 로마제국이 자신들에게 반역하는 이들을 잔인하게 죽이는데 사용하던 사형방법이 바로 이 십자가형(刑)이었습니다. 만약 누군가가 십자가에 못 박혀서 죽었다고 한다면 사람들은 그를 흉악한 죄인이거나 로마제국에 반역한 사람으로 여겼을 것입니다. 그런데 본문에서 바울은 "십자가에 못 박힌 그리스도"를 전한다고 했습니다. "유대인은 표적을 구하고 헬라인은 지혜를 찾으나 우리는 십자가에 못 박힌 그리스도를 전하니 유대인에게는 거리끼는 것이요 이방인에게는 미련한 것이로되"(고전 1:22-23). 그는 분명 십자가가 유대인에게는 거리끼는 것이요, 이방인에게는 미련한 것임을 알았습니다. 그런데도 바울은 십자가에 못 박히신 그리스도를 전했습니다.

1) 유대인과 헬라인이 찾는 것

본문에서 바울은 세상 사람들이 추구하는 것에 대해 유대인과 헬라인의 사례를 들어 설명했습니다.

유대인은 표적을 구한다고 했습니다. 이것은 유대인들이 '구체적으로 눈으로 볼 수 있는 현상'만을 구했던 것을 말합니다. 그들은 하나님을 큰 표적과 기적을 나타내시는 분으로만 여겼습니다. 그래서 예수님을 찾아왔을 때 눈에 보이는 증거를 요구했습니다. "그 때에 서기관과 바리새인 중 몇 사람이 말하되 선생님이여 우리에게 표적 보여주시기를 원하나이다 예수께서 대답하여 이르시되 악하고 음란한 세대가 표적을 구하나 선지자 요나의 표적 밖에는 보일 표적이 없느니라"(마 12:38-39). 이처럼 예수님은 눈으로 보이는 것만을 요구하는 이들을 거부하셨던 것을 볼 수 있습니다.

표적을 구하는 것 자체가 잘못은 아닙니다. 기드온이 표적을 구했고(삿 6:36-40), 히스기야 또한 표적을 구했습니다(왕하 20:8-11). 당시 유대인들의 문제는 하나님을 찾고 구하는 것이 아니라 부단히 표적과 능력만을 요구했다는 데 있었습니다.

그리고 헬라인은 지혜를 찾는다고 했습니다. 헬라인은 이방인을 대표합니다. 그들은 집요하고도 철저하게 지혜와 철학을 추구했습니다. 그래서 자신들의 지혜를 자랑하며 철학적인 사고에 젖어 있었습니다. 따라서 하나님의 아들이 인간의 육신을 입었다는 것은 그들의 이성적 논리로는 결코 이해할 수 없는 것이었습니다. 게다가 그들에게 예수님은 십자가 위에서 처참하게 죽은 어리석은 유대인 청년에 불과했습니다. 그러니 그들은 예수님을 구세주로 받아들이는 것을 더욱 더 미련하게 여겼던 것입니다.

2) 바울이 전한 십자가 복음

그런데 바울은 십자가에 못 박히신 그리스도가 우리를 구원할 유일한 분이라고 전했습니다. 또한 그는 고린도전서 2장 2절에서 "내가 너희 중에서 예수 그리스도와 그가 십자가에 못 박히신 것 외에는 아무 것도 알지 아니하기로 작정하였음이라"라고 말했습니다. 세상에는 많은 지혜가 있지만 자신은 그리스도와 십자가만 기억하겠으며, 세상에는 많은 능력이 있지만 자신은 그리스도와 십자가의 능력만 의지하겠다는 의지의 표현이었습니다.

게다가 갈라디아서 6장 14절에서는 "그러나 내게는 우리 주 예수 그리스도의 십자가 외에 결코 자랑할 것이 없으니 그리스도로 말미암아 세상이 나를 대하여 십자가에 못 박히고 내가 또한 세상을 대하여 그러하니라"라고 말했습니다. 세상도, 자신도 그리스도로 말미암아 십자가에 못 박혔다는 것입니다. 그리고 세상에서 썩어질 육체의 정욕과 탐심, 즉 죄의 소욕을 십자가에 못 박고 죽였다는 것입니다. "그리스도 예수의 사람들은 육체와 함께 그 정욕과 탐심을 십자가에 못 박았느니라"(갈 5:24).

이것은 오늘날에도 많은 사람들이 복음을 이해하고 받아들이지 못하는 이유가 됩니다. 표적과 지혜를 중시하는 인간적인 관점에서 십자가는 수치와 실패일 뿐인 것입니다. 그러나 바울이 그러했던 것처럼 십자가는 우리에게 하나님의 능력이며, 지혜입니다. 십자가의 도로 말미암아 우리가 구원을 받았기 때문입니다. "십자가의 도가 멸망하는 자들에게는 미련한 것이요 구원을 받는 우리에게는 하나님의 능력이라"(고전 1:18).

2. 하나님의 능력과 지혜(24-25절)

바울은 본문 24절에서 "오직 부르심을 받은 자들에게는 유대인이나 헬라인이나 그리스도는 하나님의 능력이요 하나님의 지혜니라"라고 말했습니다. 그리스도와 십자가는 유대인의 기준으로는 거리끼는 것이고, 헬라인의 기준으로는 미련한 것입니다. 그렇지만 하나님의 부르심을 받은 자들이라면 그가 유대인이든, 헬라인이든 상관없이 그리스도와 십자가는 하나님의 능력이요 지혜입니다.

1) 부르심을 받은 자들의 능력

바울은 로마서 10장 11-13절에서 "성경에 이르되 누구든지 그를 믿는 자는 부끄러움을 당하지 아니하리라 하니 유대인이나 헬라인이나 차별이 없음이라 한 분이신 주께서 모든 사람의 주가 되사 그를 부르는 모든 사람에게 부요하시도다 누구든지 주의 이름을 부르는 자는 구원을 받으리라"라고 말했습니다. 하나님은 표적을 구하는 유대인이든 지혜를 구하는 헬라인이든 차별하지 않으십니다. 그리고 누구든지 예수님을 자신의 구주로 모시는 이에게 구원을 주십니다.

그런데 바울은 그것이 하나님의 부르심을 따라 이루어진다고 말합니다. 즉, 하나님이 전도의 미련한 것으로 부르실 때 그것에 응답하는 이들이 구원을 얻게 되는 것입니다. 자신의 기준으로는 어리석어 보이고 약해 보일 수 있습니다. 그렇지만 자신의 생각을 내려놓고 전달된 복음에 귀를 기울일 때 그 속에 담긴 비밀을 알게 됩니다. 사실은 하나님의 어리석음이 자신의 지혜보다 뛰어나고 하나님의 약하심이 자신의 강함보다 뛰어남을 깨닫게 되는 것입니다. "하나님의 어리석음이 사람보다 지혜롭고 하나님의 약하심이 사람보다 강하니라"(고전 1:25).

그리고 하나님은 그들에게 성령님을 보내셔서 세상의 능력과 지혜가 아니라 하나님의 능력과 지혜로 살게 하십니다. 그러하기에 세상의 기준으로 봤을 때는 어리석어 보이고 연약해 보이지만 하나님의 능력과 지혜를 가지고 있기에 능히 세상을 이기는 힘을 얻게 됩니다. 죄로 가득한 세상에서 우리만 고통과 슬픔을 당하는 것이 아니라 주님이 오셔서 함께 고통당하셨습니다. 그리고 지금도 살아서 함께 모든 질고와 아픔을 견뎌주십니다. 그러므로 그리스도는 우리에게 말할 수 없는 위로와 은혜가 되시고, 험난한 세상을 이겨나갈 가장 큰 능력과 지혜가 되시는 것입니다.

2) 그리스도를 통한 하나님의 구원 사역

토마스 칼라일(Thomas Carlyle)은 영국의 평론가이며 역사가입니다. 그는 이상주의적인 사회 개혁을 제창하여 19세기 사상계에 큰 영향을 끼쳤습니다. 칼라일이 『프랑스 혁명사』와 같은 명작의 저자로, 또 명문 에딘버러 대학의 명예총장으로, 영국의 평론가이자, 역사가로 명성을 떨치며 런던 시민들의 사랑을 받을 수 있었던 것은 그의 아내의 숨은 봉사와 희생이 있었기 때문이었습니다.

칼라일의 아내는 제인 웰시(Jane Welsh)였는데, 그녀는 부유한 가정에서 태어난 미모의 여인으로 재능과 명성을 겸한 시인이었습니다. 그런 그녀가 칼라일과 결혼하게 되자 그녀의 친구들은 불행한 결혼이라고 수군거렸습니다. 왜냐하면 칼라일은 결혼할 당시 두뇌는 뛰어나게 좋았지만 성품은 유난히도 괴팍했고, 재산도 없고, 장래성도 보이지 않는 남자였기 때문이었습니다.

그런데 제인은 칼라일과 결혼한 후 남편의 조력자로 헌신했습니다. 그리고 남편이 저작에만 열중할 수 있도록 스코틀랜드의 쓸쓸한 시골로 내려가 손수 바느질을 하면서 검소한 가정주부로 살기도 했습니다. 또한 만성위장병으로 늘 우울해하는 남편을 간호하며 희생과 봉사를 아끼지 않았습니다. 이러한 헌신이 있었기에 칼라일은 저술에 전념할 수 있었던 것입니다.

사랑은 이처럼 누군가를 위하여 헌신하게 합니다. 우리는 제인의 삶에서 우리를 구원하기 위하여 이 땅에 오신 예수님을 생각하게 됩니다. 예수님은 죄인인 우리를 위하여 친히 인간의 몸을 입고 이 땅에 오셨으며, 우리를 살리시기 위하여 자신의 생명을 아낌없이 내어주셨습니다. 이러한 사랑이 우리로 하여금 눈에 보이지 않는 하나님을 보게 하고, 알지 못했던 하나님의 나라와 영원한 생명에 대해서 깨닫게 했습니다. 이것은 우리의 어떠한 노력이나 공로가 아닙니다. 오직 나를 사랑하사 나를 위해 죽으신 예수님의 사랑 때문입니다. 그러하기에 십자가에 달리신 예수 그리스도는 우리의 자랑입니다. 우리가 전해야 할 복음의 핵심입니다. 그리고 우리가 붙들어야 할 하나님의 능력과 지혜입니다.

3. 하나님의 택하심과 심판(26-29절)

고린도교회는 여러 은사가 풍성하게 나타났던 교회였습니다. 그렇지만 교회 안에는 파벌 간의 다툼이 있었고, 성령의 은사에 대한 오해가 있었으며, 영적 교만이 있었습니다. 그래서 바울은 고린도교회에 편지를 써서 그들을 바른 길로 인도하려고 했습니다.

본문 26절을 보면 바울은 고린도 교인들을 향하여 그들이 예수님을 믿기 전에 어떤 사람들이었는지를 깨닫게 합니다. "형제들아 너희를 부르심을 보라 육체를 따라 지혜로운 자가 많지 아니하며 능한 자가 많지 아니하며 문벌 좋은 자가 많지 아니하도다." 바울은 고린도교회의 성도들이 자신을 높이려는 시도를 포기하고 하나님만 자랑하며 살기를 원했기 때문입니다.

1) 연약한 자들을 선택하신 목적

"지혜로운 자"는 사람들에게 존경받는 지식인이나 철학자를 말합니다. "능한 자"는 사회적으로 지위가 높거나 정치적으로 영향력이 있는 사람을 말합니다. "문벌 좋은 자"는 지체 높은 가문에 속한 귀족을 말합니다. 세상 사람들은 그들을 환영하고, 그들처럼 되고 싶어 합니다.

그런데 하나님의 기준은 다릅니다. 당시 고린도교회에는 가이오나 아굴라와 브리스길라 부부 같은 부유한 사람도 있었습니다. 그렇지만 대부분의 고린도 교인들은 수공인이나 소규모의 상업인, 아니면 노예로 이루어져 있었습니다. 하나님은 별로 환영받지 못하는 사람들, 별로 닮고 싶지 않은 사람들을 선택하셨던 것입니다. 왜냐하면 누구도 하나님 앞에서 자신을 자랑하지 못하게 하시기 위함입니다. "이는 아무 육체도 하나님 앞에서 자랑하지 못하게 하려 하심이라"(고전 1:29).

자신을 의롭다고 여기는 사람에게는 예수 그리스도의 의가 필요 없습니다. 자신을 지혜롭다고 여기는 사람에게는 하나님의 지혜가 필요 없습니다. 자신을 유능하다고 여기는 사람에게는 하나님의 능력이 필요 없습니다. 그들에게 십자가에 못 박힌 그리스도는 거리끼는 것이요 미련한 것에 불과한 것입니다.

그러나 자신을 낮추고 하나님의 긍휼을 구하는 사람에게 하나님은 은혜를 베푸십니다. 그들은 예수 그리스도 앞에 엎드리고 낮아지고, 오직 예수 그리스도만 자랑하는 자들인 것입니다. 하나님은 그들을 통하여 영광을 받으십니다.

2) 인본주의적인 세상 가치의 종말

하나님은 인간을 지으신 분이십니다. 그러므로 인간의 지혜와 학문이 아무리 높아도 그것은 하나님의 지혜에 미치지 못합니다. 그리고 인간 가운데 가장 높은 자리도 온 세상을 주관하시는 하나님의 권세 아래에 있습니다. 또한 인간의 어떠한 능력도 그를 지으신 하나님의 능력에 비하면 무능합니다.

그러나 사람들은 이것을 알지 못하기에 자신을 세상의 기준으로 삼아 살아갑니다. 인본주의적인 세상 가치로 모든 것을 판단하며 살아가는 것입니다.

그리고 어느덧 고린도 교인들도 처음에 그들이 받았던 은혜를 잊고 세상의 기준으로 판단하며 신앙생활하고 있었던 것입니다. 그래서 바울은 날카로운 지적을 통해 그들을 헛된 꿈에서 깨웠던 것입니다. "그러나 하나님께서 세상의 미련한 것들을 택하사 지혜 있는 자들을 부끄럽게 하려 하시고 세상의 약한 것들을 택하사 강한 것들을 부끄럽게 하려 하시며 하나님께서 세상의 천한 것들과 멸시 받는 것들과 없는 것들을 택하사 있는 것들을 폐하려 하시나니" (고전 1:27-28). 바울은 고린도 교인들에게 "너희가 처음에는 미련한 자, 약한 자, 천한 자, 멸시 받는 자였기에 하나님의 긍휼을 입은 것을 모르느냐? 그런데 이제 다른 사람보다 영적인 은사를 조금 더 받았다고 스스로를 높이고 자랑하느냐? 만약 그렇게 되면 하나님이 너희도 부끄럽게 하시고, 폐하신다"라고 책망했던 것입니다.

우리들 또한 고린도 교인들과 마찬가지로 처음 받은 은혜를 잊고 어느덧 교만해져서 자신을 자랑하고 있지는 않은지 돌아보아야 할 것입니다. 우리가 구원을 받은 것은 우리의 외모나 지혜, 능력에 의한 것이 아닙니다. 우리에게 어떤 의로움이 있거나 훌륭한 업적이 있어서도 아닙니다. 오직 하나님의 은혜로 택하심을 받고 구원받은 것입니다. 그러므로 우리는 오직 하나님만 높이고 하나님만 자랑해야 할 것입니다.

결론

십자가에는 하나님의 능력과 지혜가 나타나 있습니다. 세상의 기준으로 봤을 때 정말 능력이 있고, 지혜롭게 보여서 그러한 것이 아닙니다. 세상 사람들이 봤을 때 예수님은 힘없이 모함을 받아 돌아가신 것 같고, 어리석은 희생 같습니다. 그러나 거기에는 인간의 지혜를 폐하는 하나님의 지혜가 있습니다. 인간의 어떤 능력으로도 이룰 수 없는 구원의 능력이 있습니다. 그러므로 세상의 능력을 사모하고, 세상의 지혜를 추구하려는 유혹에서 벗어나 오직 하나님만 의지하시기 바랍니다. 그러면 하나님의 도우심과 구원을 얻게 될 것입니다.

소망 을 주는 십자가의 능력 5

하나님의 능력과
지혜의 십자가

예수님은 세상의 지혜가 아니라 하나님의 지혜를 따라서 모든 일을 감당
하셨습니다. 예수님은 오직 하나님을 신뢰하심으로 십자가를 지셨고, 세
상의 지혜를 깨뜨리고 하나님의 지혜를 드러내셨으며, 십자가의 능력을
나타내셨습니다.

1. 십자가에 못 박힌 그리스도

십자가에 달리신 예수님은 유대인에게는 거리끼는 것이요, 헬라인을 비
롯한 이방인에게는 미련한 것이었습니다. 그렇지만 바울은 십자가에 못
박히신 그리스도가 우리를 구원할 유일한 분이라고 선포했습니다.

2. 하나님의 능력과 지혜

하나님의 생각은 인간의 생각과 다르며, 하나님의 방법 또한 인간의 그것
과 다릅니다. 십자가가 그것을 잘 보여줍니다. 그러므로 그리스도인은 세
상의 능력과 지혜가 아니라 하나님의 능력과 지혜로 살아야 합니다.

3. 하나님의 택하심과 심판

하나님은 외모나 지혜, 능력을 기준으로 구원 받을 사람을 선택하지 않으십니다. 의로운 삶이나 훌륭한 업적이 있어서 선택하시는 것도 아닙니다. 하나님은 그 풍성한 은혜를 따라 선택하십니다. 그리고 그를 구원하십니다. 그러므로 그리스도인은 오직 하나님만 높이고 자랑해야 합니다.

 십자가에 못 박히신 예수님은 세상 사람들이 봤을 때는 힘없이 모함을 받아 죽은 것 같고, 어리석은 희생 같습니다. 그러나 거기에는 인간의 지혜를 초월하는 하나님의 지혜가 있습니다. 인간의 능력으로 이룰 수 없는 구원의 능력이 있습니다. 그러므로 그리스도인은 십자가를 자랑해야 합니다.

소망을 주는 십자가의 능력

소망을 주는 십자가의 능력   롬 3장

1. 하나님의 영광에 이르지 못하던 삶(19-23절)

2. 십자가에서 이루신 완전한 속량(24-25절)

3. 십자가 속량으로 말미암은 의의 선물(26-27절)

PART 6

대속의 선물인
십자가

로마서 3:19-27

대속의 선물인 십자가

로마서 3:19-27

●

"우리가 알거니와 무릇 율법이 말하는 바는 율법 아래에 있는 자들에게 말하는 것이니 이는 모든 입을 막고 온 세상으로 하나님의 심판 아래에 있게 하려 함이라 그러므로 율법의 행위로 그의 앞에 의롭다 하심을 얻을 육체가 없나니 율법으로는 죄를 깨달음이니라 이제는 율법 외에 하나님의 한 의가 나타났으니 율법과 선지자들에게 증거를 받은 것이라 곧 예수 그리스도를 믿음으로 말미암아 모든 믿는 자에게 미치는 하나님의 의니 차별이 없느니라 모든 사람이 죄를 범하였으매 하나님의 영광에 이르지 못하더니 그리스도 예수 안에 있는 속량으로 말미암아 하나님의 은혜로 값 없이 의롭다 하심을 얻은 자 되었느니라 이 예수를 하나님이 그의 피로써 믿음으로 말미암는 화목제물로 세우셨으니 이는 하나님께서 길이 참으시는 중에 전에 지은 죄를 간과하심으로 자기의 의로우심을 나타내려 하심이니 곧 이 때에 자기의 의로우심을 나타내사 자기도 의로우시며 또한 예수 믿는 자를 의롭다 하려 하심이라 그런즉 자랑할 데가 어디냐 있을 수가 없느니라 무슨 법으로냐 행위로냐 아니라 오직 믿음의 법으로니라"(롬 3:19–27).

한 목수가 있었습니다. 그는 아무리 생각해도 믿음으로만 구원을 받기에는 무언가 부족한 것 같았습니다. 그래서 예수님을 그리스도로 믿기는 하지만 기도도 열심히 하고, 전도도 잘하고, 헌금도 많이 해야 구원을 받을 수 있을 것으로 생각했습니다.

하루는 그가 목사님을 찾아가서 확실한 구원을 받으려면 믿음 위에 자신의 공로와 선한 행위가 있어야 하는 것이 아닌지 물었습니다.

그러자 목사님은 에베소서 2장 8-9절의 "너희는 그 은혜에 의하여 믿음으로 말미암아 구원을 받았으니 이것은 너희에게서 난 것이 아니요 하나님의 선물이라 행위에서 난 것이 아니니 이는 누구든지 자랑하지 못하게 함이라"라는 말씀을 전해주고 설명해 주었습니다.

그렇지만 목수는 납득하지 못하고 믿음으로만 구원받기에는 미안하지 않느냐고 대답했습니다.

그러던 어느 날이었습니다. 목사님은 교회의 출입문을 목수에게 주문했습니다. 목수는 하나님을 섬기는 마음으로 정성껏 만들었습니다.

문이 다 제작되었다는 연락을 받고 찾아간 목사님은 완성된 문을 한참 바라보며 목수의 솜씨를 칭찬했습니다. 그러다가 문득 생각이 난 듯 목수에게 문 위에다 사과 궤짝을 덧붙여서 못을 잘 박아 달라고 요청했습니다.

목수는 이상하다는 듯 말했습니다.

"목사님! 이렇게 잘 만들어 드렸는데, 왜 문에 사과 궤짝을 붙이라고 하시는 것입니까?"

이때 목사님이 기다렸다는 듯이 대답했습니다.

"그렇습니다. 하나님이 우리에게 주신 십자가는 구원을 위한 완전한 걸작품입니다. 거기에 인간이 더하거나 빼서는 안 됩니다. 다만 십자가를 믿으면 인간의 구원은 이루어집니다."

본문에서 바울이 로마교회의 성도들에게 하고 싶었던 말이 앞서 말씀드린 예화에 나오는 목사님의 말씀과 같지 않을까 싶습니다. 바울은 율법의 행위가 아니라 예수 그리스도를 믿음으로 말미암아 사람이 의롭게 된다고 말했습니다. 그리고 누구도 자신의 행위를 자랑하지 말아야 한다고 덧붙였습니다.

구원은 하나님의 선물입니다. 우리는 하나님의 은혜로 값 없이 의롭게 되었습니다. 이것을 잊으면 우리의 신앙은 멋지게 완성된 문에 사과 궤짝을 덧붙이는 것처럼 우스꽝스런 모양새가 됩니다. 본문을 통하여 예수님이 십자가에서 이루신 완전한 속량(贖良)에 대하여 깨닫고 신앙의 기초를 하나님의 은혜 위에 세우게 되시기를 바랍니다.

1. 하나님의 영광에 이르지 못하던 삶(19-23절)

바울은 유대인이나 헬라인이나 다 죄 아래 있다고 말했습니다. "그러면 어떠하냐 우리는 나으냐 결코 아니라 유대인이나 헬라인이나 다 죄 아래에 있다고 우리가 이미 선언하였느니라"(롬 3:9). 유대인과 헬라인을 대표로 말했지만, 여기에는 모든 인간이 포함됩니다. 즉, 모든 인간이 죄 아래에 있다고 말했던 것입니다.

그러면서 다음과 같이 덧붙였습니다. "기록된 바 의인은 없나니 하나도 없으며 깨닫는 자도 없고 하나님을 찾는 자도 없고 다 치우쳐 함께 무익하게 되고 선을 행하는 자는 없나니 하나도 없도다"(롬 3:10-12). 이 말씀에 해당되지 않는 사람이 어디에 있겠습니까? 이 땅에 살아가는 모든 사람이 이 말씀을 부인하지 못할 것입니다.

그런데 바울은 이렇게 죄 가운데 살아가는 사람은 절대로 하나님의 영광에 이르지 못한다고 말합니다. "모든 사람이 죄를 범하였으매 하나님의 영광에 이르지 못하더니"(롬 3:23). 그렇다면 왜 하나님의 영광에 이르는 것이 중요합니까?

1) 하나님의 영광을 위하여 창조된 인간

하나님의 영광은 우리에게 놀라움과 경외감을 불러일으키지만 인간의 언어로는 다 표현할 수 없는 하나님의 임재를 말합니다. 그리고 성경에서는 하나님의 임재를 특징적으로 묘사할 때 하나님의 영광을 사용하곤 합니다. 하나님이 어떤 곳에 임재하셨을 때 그곳 가운데 하나님의 영광이 가득하다고 표현하는 것처럼 말입니다. "제사장이 성소에서 나올 때에 구름이 야훼의 성전에 가득하매 제사장이 그 구름으로 말미암아 능히 서서 섬기지 못하였으니 이는 야훼의 영광이 야훼의 성전에 가득함이었더라"(왕상 8:10-11).

그리고 원래 사람은 이렇게 하나님의 임재 앞에서 하나님의 영광을 바라보며, 그 영광을 경험하고 찬송하며 살도록 만들어졌습니다. 하나님이 처음 세상을 만드시고 에덴동산에 아담과 하와를 두셨을 때 그들은 하나님의 임재를 두려워하지도 않았고, 그 임재로 인하여 죽지도 않았습니다. 그들은 매일 동산에서 하나님을 만나고 그 영광 가운데 살았던 것입니다.

이처럼 하나님의 영광을 위하여 창조된 인간이 지금은 어떻게 살고 있습니까? 과연 인간은 하나님의 임재 앞에서 살아가며 하나님의 영광을 경험하며 살고 있습니까? 찬송받기에 합당하신 하나님을 높이며 살아가고 있습니까?

2) 하나님의 영광에 이르지 못하게 만드는 죄

바울은 모든 사람이 죄를 범하였기에 하나님의 영광에 이르지 못한다고 말했습니다. 여기서 '이르지 못하다'는 것은 본래의 목표에 미달되거나 결핍된 상태를 가리킵니다. 그리고 바울은 이 단어를 현재형으로 사용하여 모든 사람이 하나님의 영광에 미달

된 모습으로, 하나님의 영광이 결핍된 상태 가운데 살고 있음을 말했습니다.

그리고 그것은 아담과 하와로부터 시작됩니다. 처음에 아담과 하와는 하나님의 임재 가운데 살았습니다. 그렇지만 그들은 하나님의 명령에 불순종하는 죄를 지었습니다. 죄를 지은 후 그들은 하나님을 만나는 것이 두려워서 하나님을 피하여 숨었습니다. 하나님의 임재를 누릴 수 없게 된 것입니다. 그리고 무엇보다도 그들은 하나님의 형상으로 지음을 받았으면서도 하나님처럼 거룩하게 살지 못하게 되었습니다. 죄가 인간을 파괴했고, 아담과 하와의 후손인 인류는 온통 하나님의 영광이 아니라 자신의 헛된 영광을 추구하게 되었습니다. 그러니 점점 더 하나님을 피하여 도망가는 인생이 된 것입니다.

이 모든 것이 죄 때문입니다. 비유하자면 죄는 우리가 유혹을 받아 빠져버린 구덩이와 같습니다. 그곳은 너무 깊어서 절대로 혼자서의 힘으로는 빠져나올 수 없습니다. 또 죄는 우리의 어리석음 때문에 빠지게 된 늪과 같습니다. 그곳은 너무 깊어서 빠져나오려고 하면 할수록 더 깊이 빠져들어 가기만 할 뿐입니다. 죄를 삶 가운데 들어오게 한 것은 우리들이지만 우리 스스로의 힘으로는 절대로 몰아낼 수 없게 되었습니다. 그 결과 우리는 하나님의 영광에 이르지 못하게 되었습니다. 의로운 삶을 추구하지만 늘 한계에 부딪히는 인생을 살게 된 것입니다.

2. 십자가에서 이루신 완전한 속량(24-25절)

인간은 죄를 짓고 하나님으로부터 멀어지게 되었습니다. 죄가 하나님과 우리 사이를 갈라놓았던 것입니다. "오직 너희 죄악이 너희와 너희 하나님 사이를 갈라 놓았고 너희 죄가 그의 얼굴을 가리어서 너희에게서 듣지 않으시게 함이니라"(사 59:2).

그러므로 인간이 하나님의 임재 가운데 살며 하나님의 영광을 경험하려면 먼저 죄의 문제를 해결해야 합니다. 그러나 누구도 죄의 문제를 해결할 수 없습니다. 오직 예수님이 십자가에서 이루신 완전한 속량으로 그것을 해결할 수 있습니다.

1) 죄를 속량하는 유일한 방법

'속량'(贖良)이라는 말은 풀어놓아 자유롭게 하는 것을 뜻합니다. 주로 전쟁 포로나 노예, 사형수 등을 석방하여 풀어줄 때 사용했습니다. 이것을 죄 가운데 살아가는 인간과 연결해서 생각해 보면 속량이라는 말은 인간을 얽어매고 있던 죄와 죽음의 속박에서 완전하게 분리하여 해방시키는 것을 의미합니다.

그런데 전쟁 포로로 잡혀 있는 사람이 자기 스스로 무언가 대가를 지불할 수는 없을 것입니다. 혹은 노예가 자신의 노동을 대가로 자유를 요구할 수도 없을 것입니다. 감옥에 갇혀서 처형당

할 날만 기다리고 있는 사형수는 더욱 그러할 것입니다. 모두 누군가가 그 상황에서 꺼내주어야만 하는 것입니다.

죄 가운데 살아가는 인간도 마찬가지입니다. 누군가가 꺼내주어야만 합니다. 앞에서 죄에 대하여 비유를 하면서도 말씀드렸지만 죄는 너무 깊은 구덩이여서 스스로 빠져나올 수 없습니다. 죄는 너무나 깊은 늪이어서 빠져나오려고 애쓰면 애쓸수록 더 깊이 빠져 들어가게 됩니다. 반드시 누군가가 꺼내주어야만 합니다. 성경은 그분이 예수님이시라고 대답합니다.

2) 스스로 제물이 되신 예수님

성경을 보면 하나님이 예수 그리스도를 화목제물로 삼으셨다고 말씀합니다. 이 '화목제물'은 '속죄제물'을 가리킬 뿐만 아니라 지성소에 있는 언약궤의 뚜껑인 '시은좌'라고도 하는 '속죄소'를 가리키기도 합니다.

구약시대에 대제사장은 일 년에 한 번 대속죄일에 속죄소에 희생제물인 동물의 피를 뿌림으로써 죄 사함을 받았습니다. 이것을 예수님이 행하신 일로 바꿔서 생각해 보면 예수님은 대제사장이 되셔서 십자가 위에서 스스로를 제물로 삼으시고 피를 흘려 인류의 죄를 씻으신 것입니다.

죄인을 처벌하던 사형도구였던 십자가가 죄인을 용서할 뿐 아니라 그 모든 죄를 깨끗하게 씻는 용서의 도구가 되었습니다. 하나님의 진노를 받아 매달리는 곳으로 여겨졌던 장소가 하나님과 화목하게 되는 화해의 장소가 되었습니다. 십자가에 매달려 죽으신 예수님으로 말미암아 이 모든 것이 이루어졌습니다.

3. 십자가 속량으로 말미암은 의의 선물(26-27절)

하나님은 의로우십니다. "그는 반석이시니 그가 하신 일이 완전하고 그의 모든 길이 정의롭고 진실하고 거짓이 없으신 하나님이시니 공의로우시고 바르시도다"(신 32:4). 반면 인간은 모두가 죄인입니다. 그러나 의로우신 하나님이 죄인인 인간을 의롭게 하기를 원하셨습니다. 다시 그들과 사랑의 교제를 나누기를 소원하셨던 것입니다. 그래서 인간을 향하여 용서의 손을 내미셨고, 의의 선물을 건네셨습니다.

1) 십자가 대속으로 의롭다 함을 얻게 됨

하나님이 인간에게 건네신 의의 선물이 바로 예수 그리스도입니다. 예수님이 십자가를 지심으로 모든 인간의 죄를 씻으셨습니다. 그리고 그것을 믿는 자마다 의롭다 함을 얻게 하셨습니다. 이것은 죄인이 더 이상 죄의 책임이 없다고 선언되는 것이고, 이제부터는 의인이라고 선언되는 것입니다.

이것을 찰스 스윈돌(Charles Swindoll) 목사는 이렇게 표현했습니다.

"하루 종일 뜰에서 더러운 일을 한 후의 뜨거운 샤워는 우리를 깨끗하게 해준다. 이 때 우리는 '마치 전혀 더러워진 적이 없었던 것 같아'라고 말하고 싶은 유혹을 받을 수 있다. 그러나 그렇게 말하는 것은 물과 비누의 능력과 가치를 적절히 표현하는 것이 아닐 것이다. 그보다는 거울을 들여다보면서 '나는 더러웠었는데, 이제는 깨끗하게 씻겼어'라고 말하는 편이 더 낫다."

예수님의 속량으로 말미암아 우리의 모든 죄가 깨끗하게 씻겼습니다. 그러므로 이제 하나님과 바른 관계를 맺을 수 있게 되었고, 아담과 하와가 잃어버린 하나님의 영광을 바라보고 즐거워할 수 있게 되었습니다. 이제 우리는 마음껏 하나님 앞에 나아가 축복을 받고 하나님이 주시는 힘으로 살고 결과적으로 놀라운 영광 가운데 머물게 될 것입니다.

2) 행함이 아니라 믿음으로 받는 선물

그런데 이렇게 의롭게 되는 것은 선포되는 복음의 내용을 믿음으로, 예수 그리스도가 내 죄의 대가를 대신 치러 주셨다는 것을 믿음으로, 하나님이 예수 그리스도를 통해서 나를 죄와 죽음에서 건지셔서 의와 생명을 주신 것을 믿음으로 말미암습니다. 이것을 믿는 사람이면 유대인이든 이방인이든 누구나 다 의롭다는 인정과 구원과 영광을 받게 되는 것입니다.

율법은 늘 우리에게 해야 할 것과 하지 말아야 할 것을 이야기합니다. 율법이 없더라도 마음의 법은 늘 우리에게 해야 할 것과 하지 말아야 할 것을 일깨웁니다. 그러나 우리는 그 요구들을 모두 지킬 수 없어서 늘 죄의 지배 아래 살며 죄의 저주 가운데 살아왔습니다.

하지만 예수님이 모든 죄를 지시고 십자가에서 피를 흘려주심으로 말미암아 그 대가를 다 지불하셨습니다. 그리고 그 피로 우리의 모든 죄를 깨끗하게 씻으셨습니다. 십자가 위에서 숨을 거두시기 전 예수님은 이렇게 말씀하셨습니다. "다 이루었다"(요 19:30).

예수님이 다 이루셨습니다. 우리는 그것을 믿어야 합니다. 그러면 예수님이 다 이루신 그것을 선물로 받게 됩니다.

이 놀라운 은혜가 한 소설에 잘 표현되어 있습니다. 빅토르 위고(Victor-Marie Hugo)의 『레미제라블』입니다.

주인공 장발장은 빵 한 조각을 훔친 죄로 19년간 감옥에 갇히게 됩니다. 어느 날 그는 미리엘 주교의 환대를 받게 됩니다. 그렇지만 그는 유혹을 이기지 못한 채 한밤중에 은그릇을 훔쳐서

달아났습니다. 그렇지만 얼마 못 가서 경찰에 붙잡히게 됩니다. 다음 날 그는 경찰에 연행되어 주교의 집에 오게 됩니다. 그런데 그곳에서 놀라운 일을 경험하게 됩니다.

"아! 여기 왔군!"

주교는 소리치면서 장발장을 보았습니다.

"다시 보게 되어 반갑네. 그래, 이게 어찌된 건가? 나는 자네에게 촛대도 주었네. 나머지 것들처럼 은으로 만들어졌지. 분명 200프랑은 될 걸세. 왜 포크랑 수저도 함께 가져가지 않았나? 내 친구여, 가기 전에 여기 자네 촛대들이 있으니 가져가게."

주교는 벽난로의 선반으로 걸어가서 은촛대 둘을 가져다가 장발장에게 주었습니다. 주교는 장발장을 가까이 끌어당겨, 낮은 목소리로 말했습니다.

"잊지 말게. 절대. 자네는 정직한 사람이 되는데 이 돈을 사용하겠다고 약속한 셈일세."

장발장은 아무 것도 약속한 기억이 없었기에 말없이 있었습니다. 주교는 경찰들에게 말하면서 그 말을 강조했습니다. 그는 진지한 척하며 다시 말을 꺼냈습니다.

"장발장, 내 형제여! 자네는 이제 악에 속하지 않고 선에 속해 있네. 내가 자네에게서 산 것은 자네의 영혼일세. 나쁜 생각과 파멸의 영에게서 그것을 사서 하나님께 드리네."

이 사건은 정말로 장발장에게 일대 전환점이 되고, 소설의 나머지 부분은 그가 살면서 은혜를 갚는 사건들의 흔적을 따라갑니다.

결론

하나님은 십자가를 통해서 우리에게 대속의 선물을 주셨습니다. 그리고 그 은혜를 받은 우리들은 이제 하나님의 영광 가운데 살아갈 수 있게 되었습니다. 죄와 형벌에 대한 두려움이 아니라 의의 기쁨을 누리게 되었고, 마귀의 노예가 아니라 하나님의 자녀로 살게 되었습니다. 그래서 더 이상 십자가는 우리를 두려움에 떨게 만드는 형벌의 도구가 아니라 하나님이 우리를 용서하시고 깨끗하게 하신 은혜의 상징이요 선물입니다. 그러므로 날마다 하나님의 대속의 선물인 십자가를 자랑하게 되시기를 주님의 이름으로 축원합니다.

대속의 선물인 십자가

예수님은 십자가 위에서 완전한 대속을 이루셨습니다. 그래서 바울은 율법의 행위가 아니라 예수 그리스도를 믿음으로 말미암아 사람이 의롭게 된다고 말했습니다. 그리고 누구도 자신의 행위를 자랑하지 말아야 한다고 덧붙였습니다.

1. 하나님의 영광에 이르지 못하던 삶

인간은 하나님의 임재 앞에서 하나님의 영광을 바라보며, 그 영광을 경험하고 찬송하며 살도록 만들어졌습니다. 그러나 인간은 죄로 말미암아 하나님의 영광에 이르지 못하게 되었습니다. 하나님의 영광에 미달된 모습으로, 하나님의 영광이 결핍된 상태로 살게 된 것입니다.

2. 십자가에서 이루신 완전한 속량

인간이 하나님의 임재 가운데 살며 하나님의 영광을 경험하려면 먼저 죄의 문제를 해결해야 합니다. 그러나 누구도 죄의 문제를 해결할 수 없습니다. 오직 예수님이 십자가에서 이루신 완전한 속량이 그것을 해결할 수 있습니다.

3. 십자가 속량으로 말미암은 의의 선물

하나님은 의로우십니다. 반면 인간은 모두가 죄인입니다. 그러나 의로우신 하나님이 죄인인 인간을 의롭게 하기를 원하셨습니다. 다시 그들과 사랑의 교제를 나누기를 소원하셨던 것입니다. 그래서 인간을 향하여 용서의 손을 내미셨고, 의의 선물을 건네셨습니다.

하나님은 십자가를 통해서 대속의 선물을 주셨습니다. 그리고 그 은혜를 받은 그리스도인은 이제 하나님의 영광 가운데 살아갈 수 있게 되었습니다. 그러므로 날마다 십자가를 자랑하며 하나님의 영광 가운데 살아야 합니다.

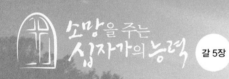

소망을 주는
십자가의능력 갈 5장

PART 7

자유의 선물인
십자가

갈라디아서 5:1-12

자유의 선물인 십자가

갈라디아서 5:1-12

●

"그리스도께서 우리를 자유롭게 하려고 자유를 주셨으니 그러므로 굳건하게 서서 다시는 종의 멍에를 메지 말라 보라 나 바울은 너희에게 말하노니 너희가 만일 할례를 받으면 그리스도께서 너희에게 아무 유익이 없으리라 내가 할례를 받는 각 사람에게 다시 증언하노니 그는 율법 전체를 행할 의무를 가진 자라 율법 안에서 의롭다 함을 얻으려 하는 너희는 그리스도에게서 끊어지고 은혜에서 떨어진 자로다 우리가 성령으로 믿음을 따라 의의 소망을 기다리노니 그리스도 예수 안에서는 할례나 무할례나 효력이 없으되 사랑으로써 역사하는 믿음뿐이니라 너희가 달음질을 잘 하더니 누가 너희를 막아 진리를 순종하지 못하게 하더냐 그 권면은 너희를 부르신 이에게서 난 것이 아니니라 적은 누룩이 온 덩이에 퍼지느니라 나는 너희가 아무 다른 마음을 품지 아니할 줄을 주 안에서 확신하노라 그러나 너희를 요동하게 하는 자는 누구든지 심판을 받으리라 형제들아 내가 지금까지 할례를 전한다면 어찌하여 지금까지 박해를 받으리요 그리하였으면 십자가의 걸림돌이 제거되었으리니 너희를 어지럽게 하는 자들은 스스로 베어 버리기를 원하노라"(갈 5:1-12).

인간은 누구나 자유를 갈망합니다. 그리고 자신에게 주어진 삶을 자유롭게 살아가고자 합니다. 그러나 창조주 하나님이 인생의 주인이 아니시고, 예수님이 지신 십자가의 은혜로 그분에게 구속된 삶을 살지 않는다면 인간은 누구나 돈, 성, 사람, 죄 등의 노예로 살 수밖에 없습니다. 영원하지 않은 것에 구속되어 유한한 인생을 허비하거나 괴로워하며 살게 되는 것입니다.

따라서 그리스도인 중에도 예수님이 주신 자유를 누리지 못하고 율법의 노예가 되어 종의 멍에를 지고 살아가는 사람들이 있습니다. 예수님이 자유를 주시기 위하여 십자가에 돌아가셨는데 그 자유를 포기하고 살아가니 정말 안타까운 일입니다.

오늘 본문이 바로 그와 같은 갈라디아 교인들을 향하여 외친 바울의 권면입니다. "그리스도께서 우리를 자유롭게 하려고 자유를 주셨으니 그러므로 굳건하게 서서 다시는 종의 멍에를 메지 말라"(갈 5:1).

그런데 왜 예수님을 믿은 후에도 다시 종의 멍에를 지게 되는 것일까요? 그것은 우리를 율법으로부터 자유하게 하는 십자가의 복음, 그 진리를 바로 알지 못했기 때문입니다. "진리를 알지니 진리가 너희를 자유롭게 하리라"(요 8:32).

예수 그리스도가 곧 길이요, 진리요, 생명이십니다. 이제 예수님이 십자가를 통해 우리에게 주신 자유가 무엇인지 그 의미를 살펴보고, 또 그 속엔 어떠한 선물들이 들어있는지 포장을 풀어서 하나씩 꺼내 보겠습니다.

1. 그리스도께서 주신 자유의 의미(1-4절)

유대인들은 오랜 세월동안 율법을 지켜왔습니다. 그들은 율법을 통해 하나님과 교제를 나누었습니다. 그렇지만 그 누구도 율법의 요구에 100% 부응할 수 없었습니다. 따라서 율법의 저주 아래 놓이게 되었습니다. 그러나 예수님이 그들을 율법의 저주에서 속량하셨고, 율법 아래 있는 자들을 자유하게 하셨습니다. 그런데 이러한 복음을 받아들여서 자유를 얻은 갈라디아교회의 성도 가운데 일부가 할례를 받음으로 다시 율법의 지배 아래로 들어가려고 하고 있었습니다.

1) 종의 멍에인 '할례'

할례의식은 하나님이 아브라함에게 처음으로 명령하셨는데 그것은 아브라함과 그의 후손이 될 모든 이스라엘과 맺은 약속이었습니다. 하나님의 거룩한 백성으로서 하나님만을 섬기고 순종하겠다는 약속의 상징이며, 대대로 지켜야 할 언약이었습니다(창 17:9-12).

본문 3절도 '할례의 의미'를 분명히 말합니다. "내가 할례를 받는 각 사람에게 다시 증언하노니 그는 율법 전체를 행할 의무를 가진 자라." 즉, 할례를 받는다는 것은 하나님이 명령하신 율법, 곧 말씀 전체를 행해야 할 의무를 갖게 되는 것입니다.

그러나 세상에 하나님의 율법을 다 행할 수 있는 사람이 어디에 있습니까? 하나님의 율법은 완전무결하여서 불완전한 인간이다 행할 수 없는 것입니다. 거룩하고 흠이 없으신 하나님 앞에서 율법적으로, 도덕적으로 완전무결할 수 있는 사람은 세상에 없습니다.

그런데 바울 당시 그리스도인들 중에 자신이 불완전한 죄인이라는 사실을 깨닫지 못한 채 유대인의 전통을 따라 할례를 받으려는 사람들이 있었습니다. 그들이 할례를 받고자 했던 이유는 본문 4절에서 바울이 지적했듯이 '의롭다 함을 얻으려는 것'입니다.

결국 그것은 자신이 불완전한 죄인이라는 사실을 깨닫는 것 보다 단지 할례 받은 것을 자기 의와 자랑으로 삼으려 했던 것입니다. 또한 할례를 비롯해 613가지나 되는 다른 율법들을 행함으로 구원을 얻고자 한 것입니다.

이 얼마나 어불성설(語不成說)입니까? 하나님과 백성들 사이에서 지켜야 할 언약의 징표였던 할례가 자기 의와 자랑이 되고, 종의 멍에가 되어 버린 것입니다.

2) 십자가를 통해 주신 '자유'

하나님은 율법의 멍에에서 우리를 자유하게 하실 뿐 아니라 우리 안에서 그 율법을 완성하시기 위하여 그 아들 예수님을 십자가 죽음에 내어주셨습니다. "또 범죄와 육체의 무할례로 죽었던 너희를 하나님이 그와 함께 살리시고 우리의 모든 죄를 사하시고 우리를 거스르고 불리하게 하는 법조문으로 쓴 증서를 지우시고 제하여 버리사 십자가에 못 박으시고 통치자들과 권세들을 무력화하여 드러내어 구경거리로 삼으시고 십자가로 그들을 이기셨느니라"(골 2:13-15).

그러므로 누구든지 하나님이 나를 사랑하신다는 것과 죄에게 종노릇하는 나를 자유롭게 하시기 위해 예수님이 나의 죄를 대신 지시고 십자가에 못 박혀 죽으셨다는 사실을 믿으면 죄에서 자유함을 얻게 되는 것입니다.

본문 1절에서 바울은 "그리스도께서 우리를 자유롭게 하려고 자유를 주셨으니 그러므로 굳건하게 서서 다시는 종의 멍에를 메지 말라"며 강한 어조로 권면합니다. 당시 갈라디아교회는 이방인 그리스도인으로 구성되어 있었는데, 그들은 십자가 복음으로 인해 죄에서 자유를 얻었지만 유대인의 할례를 받으려고 했습니다.

그러나 바울은 할례를 받음으로 종의 멍에를 다시 졌을 때, 발생할 결과에 대해서 이같이 경고합니다. "율법 안에서 의롭다 함을 얻으려 하는 너희는 그리스도에게서 끊어지고 은혜에서 떨어진 자로다"(갈 5:4).

그렇다면 오늘을 살아가는 그리스도인들로 하여금 율법의 행위를 자랑하게 만드는 것이 무엇입니까? 곧 봉사나 헌신, 희생, 예물과 같은 것들입니다. 율법이 그 자체로 문제가 있는 것은 아니듯 봉사, 헌신, 희생, 예물에 문제가 있는 것이 아닙니다. 그것들은 우리가 하나님을 섬기는 소중한 도구들입니다. 그렇지만 인간은 연약합니다. 따라서 '나는 하나님을 위해서 무언가를 했습니다. 나는 하나님의 말씀대로 이러저러하게 살았고, 이렇게 큰 고난을 이겨냈습니다'라고 그것으로 자신의 의를 드러내려 할 때가 많습니다. 이러한 태도는 우리를 그리스도의 은혜에서 멀어지게 만드는 것이 됩니다.

왜냐하면 하나님을 위해서, 혹은 교회를 위해서 '내가 이만큼 했다' 고 하면, 내가 한 행위가 예수님의 은혜 보다 높아지는 것이기 때문입니다. 결국 그것이 계속되면 십자가를 통해서 우리에게 주신 예수님의 은혜는 식어지게 되고, 자칫 그리스도에게서 끊어질 수도 있는 것입니다.

내가 하나님으로부터 선택받고, 사랑받고, 성령의 인도함을 받는 사람이 된 것은 하나님의 은혜 때문입니다. 바로 거기에 누구도 빼앗을 수 없는 구원의 영광과 자유가 있는 것입니다.

"그러나 내가 나 된 것은 하나님의 은혜로 된 것이니 내게 주신 그의 은혜가 헛되지 아니하여 내가 모든 사도보다 더 많이 수고하였으나 내가 한 것이 아니요 오직 나와 함께 하신 하나님의 은혜로라"(고전 15:10).

여러분, 우리가 드린 모든 헌신, 말씀에 대한 순종, 고난에 대한 인내, 모두 다 예수님의 은혜입니다. 행위에 대한 무거운 짐들을 지고 계시다면 우리를 위해 물과 피를 쏟으신 예수님의 십자가 발 앞에 다 내려놓으시기 바랍니다.

2. 믿음으로 누리는 자유의 선물(5-6절)

바울은 2-4절에서는 "너희"라는 대명사를 사용하여 갈라디아 교회의 성도들에게 그들이 은혜에서 떨어지는 것의 위험을 경고했습니다. 그리고 5-6절에서는 자신을 포함한 "우리"라는 대명사를 사용하여 참된 그리스도인, 은혜의 복음을 받아들인 사람에 대해서 묘사하고 있습니다. 그리고 이곳에서 바울이 강조하는 것은 '믿음'입니다.

1) 믿음의 효력

유대인들에게 있어서 그들이 하나님의 백성으로 선택받은 것을 나타내는 외적인 표시는 할례였습니다. 그들은 할례의 유무를 가지고 언약에 속해 있는 자들과 언약 밖에 있는 자들을 구분했습니다.

그러나 예수님이 십자가에서 돌아가신 이후 하나님의 백성으로서의 본질을 규정하는 것은 믿음입니다. 할례를 받았느냐 못받았느냐 하는 것은 더 이상 중요하지 않습니다. 율법의 행위를 했건, 하지 않았건 간에 그것은 아무런 효력을 지니지 못합니다. 오직 예수님이 나를 사랑하사 나의 모든 죄를 씻어주셨음을 믿어야 합니다. 예수님이 나를 새롭게 하셨고, 예수님이 내 안에서 율법의 요구를 이루실 것을 믿어야 합니다. 그리스도 안에서는 이러한 믿음만이 그 효력을 나타내어 우리로 하여금 참된 자유를 누리게 한다는 것입니다.

어떤 사람이 물에 빠졌습니다. 그는 본능적으로 살기 위하여 사력을 다할 것입니다. 그런데 물에 빠진 사람이 공포에 질려 팔과 다리를 버둥거리며 스스로 빠져 나오려고 할 때 그를 구조하려던 사람은 가장 큰 위험에 처하게 됩니다. 둘 다 물에서 나오지 못하고 익사할 수 있는 것입니다. 그럴 때는 마음을 편안하게 하고 구조원이 자신을 구해 주도록 맡겨야 합니다. 만약 두려움을 떨쳐 버리지 못하고 스스로 살아보겠다고 버둥거리면 구조원이 아무리 노력해도 익사할 수밖에 없는 것입니다.

마찬가지입니다. 우리를 구원할 수 있는 유일한 존재, 예수님을 만났지만 스스로의 힘으로 구원해 보겠다고 고집하면, 결국 생명을 잃게 되는 것입니다. 믿음이란 자신을 맡기는 것입니다.

나를 구원하실 예수님을 신뢰하여 모든 것을 그분에게 거는 것입니다. 그러할 때 속박에서 벗어나 자유를 얻게 됩니다.

2) 의의 소망을 기다리는 믿음

예수님이 나의 모든 죄를 깨끗이 씻어 주셨고, 앞으로도 예수님이 내 삶 속에서 율법의 요구를 이루어 가실 것이라는 확신은 어디에서 찾을 수 있습니까? 바울이 본문 5절에서 말한 '의의 소망을 기다리는 믿음', 즉 오직 예수님으로 말미암아 의롭게 되는 소망입니다.

우리는 영원한 나라에서 완전한 의를 얻게 될 것입니다. 하지만 그때까지 이 소망을 기다려야 합니다. 더불어 이 땅을 사는 동안 우리를 더욱 의롭게 변화시키실 성령님의 인도하심을 받아야 합니다. 비록 지금은 부족하지만 성령님이 우리를 예수님처럼 변화시키실 것입니다. 그리고 마지막 날 우리가 하나님 나라에 들어가게 되었을 때 우리는 영광으로 변화된 몸을 입으며, 죄에서 자유하게 되어 아무 흠 없는 공의 가운데 하나님을 섬기게 될 것입니다.

그런데 이러한 의의 소망이 어디로부터 올까요? 바울은 5절에서 "성령으로 믿음을 따라 의의 소망을 기다리노니"라고 말했습니다. 이것은 우리에게 믿음을 주시는 분이 성령님이시고, 우리 안에 의를 이루시는 분도 성령님이시며, 인내 가운데 의의 소망을 기다리게 하시는 분도 성령님이시라는 것을 의미합니다. 우리는 오직 성령의 능력으로만 영원한 나라에 서기까지 의의 소망을 기다릴 수 있습니다. 그러므로 무엇보다 성령의 충만함을 구하고 하나님의 사랑을 더 풍성히 깨닫게 해달라고 기도해야 합니다. 그러면 하나님의 사랑 안에서 믿음으로 풍성한 자유를 누리게 될 것입니다.

또한 바울은 본문 6절에 "사랑으로써 역사하는 믿음 뿐이니라"라고 말했습니다. 이것은 '사랑을 통해 표현되는 믿음'을 말합니다. 만약 우리가 믿는다면 그것은 사랑으로 드러나야 한다는 것입니다. 우리는 최선을 다하여 하나님의 말씀인 성경이 말하는 바에 따라 살아야 합니다. 그러나 그것이 우리를 구원할 것으로 여겨서는 안 됩니다. 우리가 성경 말씀대로 사는 이유는 우리를 구원하신 예수님을 믿어 하나님과 이웃을 사랑하게 되었기 때문입니다. 그러므로 십자가에 달리신 예수님에 대한 진정한 믿음을 하나님 사랑, 이웃 사랑으로 표현하시기 바랍니다.

3. 자유를 누리기 위한 바울의 참된 권면(7-12절)

바울은 본문 7절에서 신앙생활을 달음질(경주)이라는 말로 표

현하고 있습니다. 바울은 그리스도인의 삶을 어떤 장애가 있더라
도 멈추지 않고 계속해서 달려야 하는 경주에 비유하고 있는 것
입니다. 많은 사람들이 예수님을 구주로 영접하면 아무런 어려움
이나 장애물이 없이 살아갈 것으로 생각합니다. 그러나 실제는
그렇지 않습니다. 신앙생활에는 반드시 어려움과 장애물이 있습
니다. 함께 신앙생활을 하는 사람들 중에도 어려움을 주는 이들
이 있을 수 있습니다. 갈라디아교회에 그러한 사람들이 있었습니
다. 그들은 자신들이 가진 거짓 가르침을 권면이라는 이름으로
포장하여 갈라디아교회의 성도들을 속였습니다. 하나님의 백성
이 되었으니 이제 할례를 받아야 한다고 가르쳤던 것입니다. 그
러나 바울은 거짓 가르침에 대항하여 진정으로 자유를 누리려면
어떻게 살아야 하는지 본문을 통하여 가르쳐 줍니다.

1) 십자가 복음으로 자신을 지키는 삶

바울은 참된 자유를 누리기 위해서는 십자가 복음으로 자신을
지켜야 한다고 권면했습니다. 그는 갈라디아 교인들이 진리, 곧
십자가 복음을 잘 따르다가 율법주의 사상이 그들의 달음질을 방
해하고 있음을 경고하며 그것을 예수님으로부터 나오지 않은 권
면이라고 명명했습니다. 또 '누룩'에 비유하면서 거짓 가르침이
얼마나 위험한 것인지 알렸습니다. 그리고 어떻게 하면 그러한

권면에서 우리 자신을 지킬 수 있는지도 가르쳤습니다.

오늘날도 예수님으로부터 나오지 않은 잘못된 권면들이 있습니다. 그것은 예수님의 의가 아닌 우리 자신의 의와 행위만을 내세우며 그 안에 축복과 구원이 있다고 주장하는 권면입니다.

이러한 사상에서 우리 자신을 지킬 수 있는 길은 먼저 잘못된 교훈이 존재한다는 사실을 아는 것입니다. 그 다음엔 성령님의 도우심을 구하며 하나님의 말씀을 묵상하고 성경을 열심히 배우며 주님의 참 뜻을 분별하고 잘못된 권면은 철저히 배격해야 합니다. "사랑하는 자들아 영을 다 믿지 말고 오직 영들이 하나님께 속하였나 분별하라 많은 거짓 선지자가 세상에 나왔음이라"(요일 4:1).

2) 십자가 복음 안에서 누리는 자유의 선물

그리고 무엇보다 우리는 예수 그리스도의 십자가 복음을 단단히 붙잡아야 합니다. 바울은 갈라디아교회의 성도들이 처음에는 달음질을 잘 했다고 말했습니다. 처음에는 그들이 복음 위에 자신의 신앙을 세워갔던 것입니다. 그러나 그들은 지금 거짓 교훈에 미혹되어 복음에서 벗어난 것을 추구하고 있습니다. 그러한 갈라디아교회의 성도들에게 바울은 복음에 대하여 깨닫게 하는 편지를 썼던 것입니다.

그러므로 우리가 복음 안에서 얻은 자유를 누리려면 우리가 처음 듣고 믿었던 복음을 잊지 말아야 합니다. 신앙이 성장하다 보면 성경에 대한 지식이 쌓여갑니다. 신학적인 이해도 높아질 것입니다. 또한 교회생활도 점점 익숙해지고, 봉사하는 것도 늘어갈 것입니다. 그러나 처음 믿은 그 시간, 그 감격, 그 복음의 진리를 잊어서는 안 됩니다.

결론

예수님은 우리를 구원하시기 위해 십자가에서 온 몸의 물과 피를 다 흘리셨습니다. 날마다 그 십자가의 은혜를 묵상하며 오직 예수님의 의만 높이시기 바랍니다. 그럴 때 우리는 율법의 정죄로부터 자유롭게 될 것입니다. 마귀의 참소에서 자유롭게 될 것입니다. 그리고 사랑을 따라 행하는 참된 믿음으로 주님 안에서 자유를 누리게 될 것입니다.

자유의 선물인 십자가

인간은 누구나 자유를 갈망하며, 자신에게 주어진 삶을 자유롭게 살아가고자 합니다. 하지만 실상은 돈, 성, 사람, 죄 등의 노예로 살아갑니다. 영원하지 않은 것에 구속되어 유한한 인생을 허비하거나 괴로워하며 살게 되는 것입니다. 그러나 예수님은 십자가를 통해서 인간에게 자유를 주십니다.

1. 그리스도께서 주신 자유의 의미

유대인들은 오랜 세월동안 율법을 지켜왔습니다. 그들은 율법을 통해 하나님과 교제를 나누었습니다. 그러나 누구도 율법의 요구에 100% 부응할 수 없었습니다. 따라서 율법의 저주 아래 놓이게 되었습니다. 그러나 예수님이 그들을 율법의 저주에서 속량하셨고, 율법 아래 있는 자들을 자유하게 하셨습니다.

2. 믿음으로 누리는 자유의 선물

그리스도인은 믿음으로 자유의 선물을 누릴 수 있어야 합니다. 예수님이 자신을 사랑하사 모든 죄를 씻어주셨음을 믿어야 하고, 자신을 새롭게 하심을 믿어야 하고, 예수님이 자신 안에서 율법의 요구를 이루실 것을 믿어야 합니다.

3. 자유를 누리기 위한 바울의 참된 권면

바울은 그리스도인의 삶을 경주에 비유했습니다. 신앙생활을 하다가 어려움이나 장애물을 만나더라도 중간에 포기하지 말고 완주해야 함을 강조했던 것입니다. 그러므로 그리스도인은 자유를 누리기 위하여 십자가 복음을 단단히 붙잡아야 합니다.

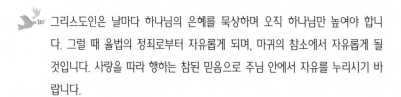

그리스도인은 날마다 하나님의 은혜를 묵상하며 오직 하나님만 높여야 합니다. 그럴 때 율법의 정죄로부터 자유롭게 되며, 마귀의 참소에서 자유롭게 될 것입니다. 사랑을 따라 행하는 참된 믿음으로 주님 안에서 자유를 누리시기 바랍니다.

소망을 주는
심자가의 능력 엡 2장

1. 화평의 선물, 예수 그리스도(11-14절)
2. 그리스도 안에서 화평을 이루어 가는 삶(15-16절)
3. 하나님과의 화평을 통해 누리는 선물(17-19절)

PART **8**

화평의 선물인
십자가

에베소서 2:11-19

화평의 선물인 십자가

에베소서 2:11-19

●

"그러므로 생각하라 너희는 그 때에 육체로는 이방인이요 손으로 육체에 행한 할례를 받은 무리라 칭하는 자들로부터 할례를 받지 않은 무리라 칭함을 받는 자들이라 그 때에 너희는 그리스도 밖에 있었고 이스라엘 나라 밖의 사람이라 약속의 언약들에 대하여는 외인이요 세상에서 소망이 없고 하나님도 없는 자이더니 이제는 전에 멀리 있던 너희가 그리스도 예수 안에서 그리스도의 피로 가까워졌느니라 그는 우리의 화평이신지라 둘로 하나를 만드사 원수 된 것 곧 중간에 막힌 담을 자기 육체로 허시고 법조문으로 된 계명의 율법을 폐하셨으니 이는 이 둘로 자기 안에서 한 새 사람을 지어 화평하게 하시고 또 십자가로 이 둘을 한 몸으로 하나님과 화목하게 하려 하심이라 원수 된 것을 십자가로 소멸하시고 또 오셔서 먼 데 있는 너희에게 평안을 전하시고 가까운 데 있는 자들에게 평안을 전하셨으니 이는 그로 말미암아 우리 둘이 한 성령 안에서 아버지께 나아감을 얻게 하려 하심이라 그러므로 이제부터 너희는 외인도 아니요 나그네도 아니요 오직 성도들과 동일한 시민이요 하나님의 권속이라"(엡 2:11-19).

유대인과 이방인은 오랜 역사를 두고 대립하며 반목해 왔습니다. 유대인은 이방인을 죄인으로 여기며 하나님의 역사 밖에 있는 자들로 취급하였고, 그러한 생각은 시간이 지남에 따라 고착되었습니다. 그들은 이방인을 차별했습니다. 그리고 마음속에 보이지 않는 담을 튼튼히 쌓았을 뿐 아니라 성전 외부에는 눈에 보이는 돌담을 쌓아서 유대인과 이방인을 구별하였습니다.

그렇지만 이것은 하나님의 뜻과는 정반대로 행하는 것이었습니다. 하나님은 아브라함을 부르시면서 그의 후손을 통해 땅의 모든 족속을 축복하겠다고 약속하셨습니다. "내가 너로 큰 민족을 이루고 네게 복을 주어 네 이름을 창대하게 하리니 너는 복이 될지라 너를 축복하는 자에게는 내가 복을 내리고 너를 저주하는 자에게는 내가 저주하리니 땅의 모든 족속이 너로 말미암아 복을 얻을 것이라 하신지라"(창 12:2-3).

그러나 안타깝게도 아브라함의 후손인 유대인은 그들의 소명을 잊었습니다. 그리고 그들이 받은 특권을 편애로 왜곡시켰으며, 이방인을 마음속 깊이 멸시하고 혐오하기까지 했습니다.

시간이 지남에 따라 상황은 점점 더 악화되기만 했고, 화평은 어느 곳에서도 찾아볼 수 없었습니다. 유대인은 하나님과의 관계에서도 화목하지 못했고, 함께 살아야 하는 이방인과의 관계에서도 화목하지 못했습니다.

그러나 하나님이 독생자 예수 그리스도를 보내서서 십자가에서 이 장벽을 무너뜨리셨고 유대인과 이방인 둘 다에게 화평의 선물이 되셨습니다.

본문을 통하여 화평의 선물이 되신 그리스도의 은혜를 되짚어

보고, 어떻게 하면 사람들과 화평할 뿐 아니라 하나님과 더욱 화목한 관계를 누릴 수 있는지 살펴보겠습니다.

1. 화평의 선물, 예수 그리스도(11-14절)

하나님은 유대인뿐만 아니라 이방인도 사랑하십니다. 그렇기 때문에 그들이 죄 가운데 멸망하기를 원하지 않으셨습니다. "하나님은 모든 사람이 구원을 받으며 진리를 아는 데에 이르기를 원하시느니라"(딤전 2:4).

그래서 하나님은 유대인과 이방인 모두에게 독생자 예수님을 보내셨습니다. 예수님은 인간의 모든 죄를 지고 십자가를 지셨고, 누구든지 예수님을 믿는 자는 하나님과 화목하게 되고 구원을 얻게 하셨습니다. 여기에는 유대인과 이방인의 차별이 없습니다. 예수님은 유대인과 이방인 사이의 차별을 없애신 것입니다. 예수님은 하나님과 인간을 화목하게 하신 분이시며, 인간과 인간을 화목하게 하신 분이셨습니다.

1) 하나님의 백성이 아니었던 이방인들

본문에서 바울은 이방인에게 임한 하나님의 은혜가 얼마나 놀라운 것인가를 밝히기 위해 먼저 이방인들이 그리스도인이 되기 전의 상태와 특징들에 대해 언급합니다. 바울은 11절과 12절에서 "그 때에"라는 단어를 사용하여 이방인의 과거, 즉 그리스도 없이 살아가던 모습에 대하여 말합니다.

바울은 이방인을 '할례를 받지 않은 무리였다'고 말합니다. 이 것은 '하나님의 백성으로 선택되지 않은 무리' 라는 뜻입니다.

또한 바울은 이방인을 '약속의 언약에 대하여 외인이었다'고 말합니다. 이스라엘 사람 외에 다른 민족들은 모두 하나님의 약속에서 제외된 자들이었습니다. 유일하신 하나님을 섬기고, 그의 율법을 행하며, 하나님의 약속을 기업으로 받을 백성으로 선택된 무리는 오직 이스라엘 사람뿐이었습니다.

그리고 바울은 이방인을 '세상에서는 소망도 없고 하나님도 없는 자였다'고 말합니다. 하나님도, 예수 그리스도도, 구원의 언약도 알지 못하는 이방인들의 삶은 그야말로 아무런 소망이 없는 삶이었습니다. 궁극적인 삶의 의미를 알지 못했기에 현재의 삶도 뜻 없이 살았으며, 내세에 대한 소망은 더욱 있을 수 없었습니다. 영원한 하나님의 나라에 대해 이방인이었던 것입니다.

그런데 이스라엘 사람들은 하나님으로부터 택하심을 받은 것에 대하여 무한한 자긍심을 지니면서 이방인들을 '할례 받지 않은 자' 라 부르고 멸시하며 소외시켰습니다.

결과적으로, 이방인들에게는 하나님이 없었지만, 유대인에게는 거룩한 하나님의 백성으로서 갖추어야 할 덕목이 없었고, 하나님의 무조건적인 선택하심에 대한 이해나 열방을 향한 하나님의 목적에 대한 이해도 없었던 것입니다.

2) 할례와 율법의 장벽을 허무신 예수님

하나님의 무한하신 경륜 가운데 때가 차매 하나님은 이방인들을 인류의 구속 역사에 참여시키셨습니다. 유대인도 이방인도 오직 예수 그리스도를 통해 구원의 은총을 얻게 하신 것입니다. 예수님은 자신의 육체로 유대인과 이방인 사이에 가로막혔던 할례와 율법의 장벽을 허무시고, 친히 화해의 중재자가 되셨습니다.

예수님이 허무신 장벽은 보이는 성전의 벽일 뿐 아니라 보이지 않는 장벽이기도 합니다.

먼저, 보이는 장벽은 예루살렘 성전에 있는 1.5m의 높이로 된 돌로 쌓은 담을 말합니다. 예루살렘 성전 외곽을 돌벽으로 쌓아서 유대인의 뜰과 이방인의 뜰을 구분지어 놓았는데 성전 입구에 다음과 같은 경고문이 있었습니다. "어떤 이방인도 이 담 안으로 들어오는 것을 금한다. 어기는 자는 사형에 처한다." 이처럼 이방인은 하나님의 백성들로부터 소외되어 있었던 것입니다.

그 다음으로 유대인과 이방인 사이의 보이지 않는 장벽은 마음속에 있는 적대감이나 멸시입니다. 특별히 음식법과 할례에 관한 율법의 규정들은 유대인들에게 이방인들을 도저히 상종할 수 없는 사람들로 여기게 하는 것이었습니다. 율법은 선한 것인데 안타깝게도 이스라엘 백성들로 하여금 죄를 더 짓게 만들었던 것입니다.

그래서 예수님은 자기 육체로 율법을 허무셨습니다. 십자가의 죽으심으로써 지성소의 휘장이 찢어진 것은 이방인의 출입을 제한한 율법의 장벽을 허무실 뿐 아니라 그 죄로 인하여 가로막힌 하나님과 인간 사이의 길을 여신 것입니다.

이제는 그리스도의 구속 사역으로 말미암아 이방인들이 유대인들로부터 구원 밖의 존재로 무시되거나 멸시를 당하지 않게 되었습니다. 따라서 예수 그리스도를 믿고 교회공동체의 일원이 된 성도들 안에서는 유대인이나 이방인의 차별이 없고, 가난한 자나 부한 자의 차별이 없게 되었습니다. 누구든 예수 그리스도 안에서는 민족, 인종, 계층, 학벌, 가문, 남녀노소로 차별받지 않게 된 것입니다. "유대인이나 헬라인이나 차별이 없음이라 한 분이신 주께서 모든 사람의 주가 되사 그를 부르는 모든 사람에게 부요하시도다 누구든지 주의 이름을 부르는 자는 구원을 받으리라"(롬 10:12-13).

2. 그리스도 안에서 화평을 이루어 가는 삶(15-16절)

예수님은 새로운 시대를 여셨습니다. 예수님은 유대인과 이방인을 예수님 안에서 화평하게 하셨습니다. 또한 이 둘을 한 몸으로 하나님과 화목하게 하셨습니다. 이러한 화목과 연합은 바울이 에베소서 1장 10절에서 말한 최종적인 화목과 연합의 예고편이라고 할 수 있습니다. "하늘에 있는 것이나 땅에 있는 것이 다 그리스도 안에서 통일되게 하려 하심이라"(엡 1:10).

1) 그리스도 안에서 예정된 화평

본문 16절은 "십자가로 이 둘을 한 몸으로 하나님과 화목하게 하려 하심이라"라고 말씀합니다. 하나님이 우리에게 예수 그리스도를 주신 궁극적인 목적은 하나님과 원수관계였던 사람들과 예수 그리스도 안에서 한 몸 되어 하나님과 화목하게 하시려는 것입니다.

하나님은 수직적으로나 수평적으로나 모두 화평하기를 원하십니다. 즉 하나님은 유대인과 이방인 모두와 화평하기를 원하시며, 그로 말미암아 유대인과 이방인이 서로 화평하기를 원하십니다. 하나님은 그들이 하나님과 화평을 누리면서 서로 화해하기를 바라시는 것입니다.

그래서 율법의 제정자이신 하나님이 율법을 완성하셨습니다 (마 5:17). 예수님을 통해서 인간과 인간 사이를 갈라놓는 장벽일 뿐 아니라, 하나님과 인간 사이를 갈라놓는 장벽을 허무시고, 예수 그리스도 안에서 인간과 인간 사이의 화평도, 하나님과 인간 사이의 화평도 모두 누리게 하신 것입니다.

서로를 향한 증오심과 미움은 유대인과 이방인 사이를 갈라놓는 담을 세웠지만, 예수님은 그 담을 허시고 그들을 하나로 만드셨습니다. 그러므로 미움과 다툼, 불신, 불화로 가득한 가정이나 교회, 어떠한 조직이나 공동체든지 십자가의 복음과 예수 그리스도와의 연합을 통해서 화평을 이루어 갈 수 있습니다.

2) 새 사람이 되어 화평을 이룸

갈라디아서 6장 15절은 "할례나 무할례가 아무 것도 아니로되 오직 새로 지으심을 받는 것만이 중요하니라"라고 말씀합니다. 이제 누가 할례를 받았으며, 율법을 더 잘 지키느냐는 중요하지 않습니다. 주님 안에서 새로 지으심을 받은 것이 중요합니다. 누구든지 예수 그리스도를 믿으면 새로운 피조물이 됩니다. 그리고 날마다 예수 그리스도와 연합함으로 우리는 '새 사람'으로 변화되고 원수관계인 사람과도 화평을 이루어 가게 되는 것입니다.

"그런즉 누구든지 그리스도 안에 있으면 새로운 피조물이라 이전 것은 지나갔으니 보라 새 것이 되었도다 모든 것이 하나님께로서 났으며 그가 그리스도로 말미암아 우리를 자기와 화목하게 하시고 또 우리에게 화목하게 하는 직분을 주셨으니 곧 하나님께서 그리스도 안에 계시사 세상을 자기와 화목하게 하시며 그들의 죄를 그들에게 돌리지 아니하시고 화목하게 하는 말씀을 우리에게 부탁하셨느니라" (고후 5:17-19).

우리는 새로운 피조물이 되었습니다. 하나님과 화목하게 되었고, 하나님의 자녀가 되었습니다. 그리고 이제 우리에게는 화목하게 하는 직분이 맡겨졌습니다. 그러므로 화목하게 하는 말씀, 즉 십자가 복음을 열심히 전하시기 바랍니다. 더불어 하나님과 화목하게 된 사람답게 하나님과 사랑의 교제를 나누며 살아가고, 주변의 사람들과도 화목하게 살아가시기 바랍니다. 우리가 서로 조화를 이루며 살고, 하나님의 말씀에 순종하며 살아갈 때 사람들은 하나님이 사랑이시며 예수님이 구원자이심을 알게 될 것입니다.

3. 하나님과의 화평을 통해 누리는 선물(17-19절)

예수님이 주신 구원은 단지 죽어서 천국에 들어가는 것만이 목적이 아닙니다. 물론 천국은 정말 좋은 곳입니다. 구원받은 그리스도인은 천국에서 하나님과 영원한 사랑의 교제를 나누며 살게 될 것입니다. 그곳에는 우리가 상상도 하지 못했던 좋은 것이 가득합니다. 그렇지만 하나님은 앞으로 다가올 세상뿐만 아니라 지금 현재 우리가 발 딛고 서 있는 이 세상에서도 구원을 누리며 살기를 원하십니다. 우리의 화평이신 예수 그리스도로 말미암아 우리가 평강을 누리기를 원하시는 것입니다.

1) 영혼의 평강과 담대함

예수님이 승천하신 이후, 평안의 복음은 성령님의 역사하심으로 예루살렘을 넘어 먼 곳 이방나라까지 놀랍게 전파되었습니다.

본문 17절의 "평안"(헬라어: 에이레네)은 '하나님과의 화목으로부터 오는 영혼의 평강'을 의미합니다. 영혼의 평강은 오직 하나님과의 화목을 이루어 갈 때에만 누릴 수 있는 선물입니다. 세상은 어둠으로 가득차고, 삶에 어떤 어려움이 다가온대도 우리는 하나님과의 친밀한 관계 안에서, 또 성령님의 임재하심으로 세상이 줄 수 없는 평안을 누릴 수 있습니다.

또한 하나님과 화목한 자들은 천하 만물의 주관자이신 하나님 앞에 나아갈 수 있습니다. 그리고 담대히 자신의 소원을 아뢸 수 있습니다. "우리에게 있는 대제사장은 우리의 연약함을 동정하지 못하실 이가 아니요 모든 일에 우리와 똑같이 시험을 받으신 이로되 죄는 없으시니라 그러므로 우리는 긍휼하심을 받고 때를 따라 돕는 은혜를 얻기 위하여 은혜의 보좌 앞에 담대히 나아갈 것이니라"(히 4:15-16).

그리고 하나님 아버지 앞에 나아갈 수 있는 담대함은 우리로 하여금 이 세상에서 완전한 평안을 누리게 합니다. "평안을 너희에게 끼치노니 곧 나의 평안을 너희에게 주노라 내가 너희에게 주는 것은 세상이 주는 것과 같지 아니하니라 너희는 마음에 근심하지도 말고 두려워하지도 말라"(요 14:27). 성령님 안에서 담대함과 평강의 선물을 누리게 되시기를 바랍니다.

2) 변화된 신분

바울은 19절에서 성도의 변화된 신분에 대하여 말합니다. "그러므로 이제부터 너희는 외인도 아니요 나그네도 아니요 오직 성도들과 동일한 시민이요 하나님의 권속이라."

"외인"과 "나그네"는 외국인과 일시적인 거류민을 말합니다. 이것은 자기 나라가 아니라 다른 나라에서 살고 있기에 시민으로서의 권리를 전혀 누리지 못하고 살아가는 사람들을 묘사하는 말입니다. 당시 로마 제국은 여러 식민지를 두고 있었습니다. 그리고 지배계층인 로마 시민과 피지배계층인 식민지 백성 사이에는 차별이 있었습니다. 로마 시민들은 어디를 가든지 자신의 권리를 보호받을 수 있었습니다. 하지만 로마 시민이 아닌 나머지 사람들은 그렇지 못했습니다. 그들은 나라도 없고, 시민권도 없는 차별과 설움을 당했습니다. 바울은 이러한 이해를 바탕으로 사람들이 쉽게 이해할 수 있도록 외인과 나그네라는 단어를 사용하여 성도들이 예수님을 믿기 이전에 어떤 존재였는지를 깨닫게 합니다. 그때 사람들은 하나님의 약속 밖에 속해 있으며, 하나님의 구원에 대한 소망도 없었습니다.

그러나 이제 예수님을 믿는 자마다 "성도들과 동일한 시민이요 하나님의 권속"이 되었습니다. '성도'는 헬라어로 '하기온'인데, 구약의 관점에서 보면 이스라엘 백성들에게만 사용되던 구약의 '성민(聖民)'이라는 뜻입니다. "지극히 높으신 이의 성도들이 나라를 얻으리니 그 누림이 영원하고 영원하고 영원하리라"(단 7:18). 그런데 이제 유대인이든 이방인이든 예수님을 구주로 영접한 사람마다 하나님의 택하심을 받은 거룩한 백성이 된 것입니다.

또한 그리스도인이 된 이방인은 '하나님의 권속'이라는 새로운 신분을 갖게 됩니다. '권속'이라는 말은 '가족', '식구'라는 뜻입니다. 같은 나라 사람과 가족은 그 의미가 서로 다릅니다. 가족이 훨씬 더 친밀합니다. 예수 그리스도 안에서 모든 그리스도인은 천국 시민권을 소유한 사람들입니다. 그런데 서로 가족입니다. 모두가 하나님의 자녀인 것입니다. 그러므로 여기는 혈통, 성별, 지위, 신분, 재산 등의 아무런 차별이 없습니다.

하나님은 이렇게 하나님의 뜻으로 우리를 선택하시고 우리에게 하나님의 자녀가 되는 놀라운 은혜를 베푸신 것입니다. 그러 므로 우리는 하나님을 사랑하며 찬양해야 합니다. 그리고 서로 형제, 자매가 된 그리스도인들을 사랑해야 합니다.

결론

예수님을 믿기 전 우리는 진노의 자녀였습니다. "전에는 우리 도 다 그 가운데서 우리 육체의 욕심을 따라 지내며 육체와 마음 의 원하는 것을 하여 다른 이들과 같이 본질상 진노의 자녀이었 더니"(엡 2:3).

그러나 예수님이 우리에게 화평의 선물이 되셨습니다. 우리는 예수님 안에서 자비를 얻게 되었고, 하나님의 풍성한 은혜를 맛 볼 수 있게 된 것입니다. 하나님과 화목하게 되었고, 이웃과 화목 하게 되었습니다. 하나님의 평강이 우리에게 임하게 된 것입니 다. 그러므로 마음과 뜻과 힘과 정성을 다하여 하나님을 사랑하 며, 이해하기 힘든 사람들을 이해하기 위하여 애쓰고, 사랑하기 힘든 사람들을 사랑하기 위하여 애쓰는 하나님의 자녀가 되시기 바랍니다.

화평의 선물인 십자가

죄는 하나님과 인간 사이를 갈라놓는 장벽과 같습니다. 그리고 그 장벽은 인간과 인간 사이도 갈라놓습니다. 그러나 하나님이 독생자 예수 그리스도를 보내셔서 십자가에서 그 장벽을 무너뜨리셨습니다.

1. 화평의 선물, 예수 그리스도
예수님은 인간의 모든 죄를 지시고 십자가를 지셨습니다. 그러므로 누구든지 예수님을 믿는 자는 하나님과 화목하게 되고 구원을 얻을 수 있습니다. 여기에는 유대인과 이방인의 차별이 없습니다. 그리고 민족, 인종, 계층, 학벌, 가문, 남녀노소의 차별도 없습니다.

2. 그리스도 안에서 화평을 이루어 가는 삶
그리스도인은 새로운 피조물입니다. 하나님과 화목하게 되었고, 하나님의 자녀가 되었습니다. 그리고 화목하게 하는 직분이 그들에게 맡겨졌습니다. 그러므로 어디에 있든지 화평하게 하는 자가 되어야 하며, 화목하게 하는 말씀을 전하는 자가 되어야 합니다.

3. 하나님과의 화평을 통해 누리는 선물

그리스도인은 하나님과 화목한 관계에 있기 때문에 하나님 앞에 나아가 담대히 자신의 소원을 아뢸 수 있습니다. 그리고 하나님 앞에 나아갈 수 있는 담대함은 세상 속에서 완전한 평안을 누리게 합니다.

 예수님을 믿기 전 그리스도인은 진노의 자녀였습니다. 그러나 예수님이 그리스도인에게 화평의 선물이 되셨습니다. 그러므로 마음과 뜻과 힘과 정성을 다해 하나님을 사랑해야 하며, 이해하거나 용서하기 힘든 사람들도 이해하고 용서하기 위하여 노력해야 합니다.

소망을 주는
십자가의 능력 갈 4장

PART 9

하나님의 자녀로
삼아주신 은혜

갈라디아서 4:1-7

하나님의 자녀로 삼아주신 은혜

갈라디아서 4:1-7

●

"내가 또 말하노니 유업을 이을 자가 모든 것의 주인이나 어렸을 동안에는 종과 다름이 없어서 그 아버지가 정한 때까지 후견인과 청지기 아래에 있나니 이와 같이 우리도 어렸을 때에 이 세상의 초등학문 아래에 있어서 종 노릇 하였더니 때가 차매 하나님이 그 아들을 보내사 여자에게서 나게 하시고 율법 아래에 나게 하신 것은 율법 아래에 있는 자들을 속량하시고 우리로 아들의 명분을 얻게 하려 하심이라 너희가 아들이므로 하나님이 그 아들의 영을 우리 마음 가운데 보내사 아빠 아버지라 부르게 하셨느니라 그러므로 네가 이 후로는 종이 아니요 아들이니 아들이면 하나님으로 말미암아 유업을 받을 자니라"(갈 4:1-7).

갈라디아서는 로마서와 마찬가지로 구원이 율법의 행위로 말미암아 이루어진다는 잘못된 가르침을 반박하고, 구원은 오직 믿음을 통해서만 이루어진다는 참된 복음을 선포하기 위해 바울에 의하여 기록되었습니다. 아울러 바울은 그리스도의 복음이 율법의 얽매임에서 우리를 해방시키고 사랑의 법 안에서 자유를 준다는 진리를 변증했습니다.

특별히 바울은 본문을 통해서 예수 그리스도의 십자가 고난으로 말미암아 하나님의 자녀가 된 갈라디아 교인들이 또다시 세속주의와 율법주의에 빠져서 약하고 천박한 세상의 초등학문 아래에서 종노릇하는 것에 대하여 책망했습니다. 바울의 말을 정리해 보면 "우리는 한때 종이었습니다. 그렇지만 이제 하나님의 자녀가 되었습니다. 그런데 어떻게 다시 과거와 같이 종살이를 하던 때로 돌아갈 수 있다는 말입니까?"라고 할 수 있을 것입니다. 본문을 통하여 우리를 자녀 삼으신 하나님의 은혜를 다시 한 번 돌아보며, 그 은혜에 대한 감사를 회복하는 기회로 삼으시기 바랍니다.

1. 세상의 초등학문 아래서 종노릇하는 성도(1-3절)

바울은 본문에서 유대인들의 과거 신앙생활에 대하여 상기시키고 있습니다. "이와 같이 우리도 어렸을 때에 이 세상의 초등학문 아래에 있어서 종 노릇 하였더니"(갈 4:3).

여기서 "초등학문"이란 헬라어로 '스토이케이아'인데, '초보'를 말합니다. 이것은 유대인의 율법이든, 혹은 다른 종교의 의식이든 예수님을 통하여 주어진 하나님을 아는 지식, 살아계신 하나님과의 만남에 비하면 초보적인 단계에 불과함을 의미합니다.

그리고 바울은 초등학문을 약하고 천박하다고 표현했습니다.

"이제는 너희가 하나님을 알 뿐 아니라 더욱이 하나님이 아신 바되었거늘 어찌하여 다시 약하고 천박한 초등학문으로 돌아가서 다시 그들에게 종 노릇 하려 하느냐"(갈 4:9). 율법이나 이방 종교는 우리를 구원할 힘이 없기에 약합니다. 그리고 우리에게 참된 복을 줄 수 없기에 천박합니다. 세상이 주는 것은 아무리 좋아 보여도 하나님이 주시는 것에 비하면 천박할 수밖에 없는 것입니다. 그리고 무엇보다 세상의 초등학문은 하나님의 자녀인 우리를 종노릇하게 만듭니다.

1) 율법 아래서 종노릇하는 삶

바울은 율법주의자들의 그릇된 주장을 효과적으로 논박하고, 믿음이 흔들리는 갈라디아 교인들에게 그들도 하나님의 유업을 이을 성도라는 것을 깨닫게 하고자 했습니다.

그러나 갈라디아 교인들의 삶은 유대인의 율법주의 관습에서 벗어나지 못하고 율법이라는 후견인과 청지기 아래에 있어 통제 받고 제한받는 삶을 살고 있었습니다. 율법이라는 세상의 초등학문 아래에서는 진정한 자유가 없기 때문에 율법주의의 족쇄에 매여 구속되고 종노릇할 수밖에 없습니다.

물론 긍정적인 측면에서 율법은 후견인으로 우리의 삶을 바르게 인도해 줄 수 있습니다. 하지만 율법을 행하는 것만으로 하나님의 온전한 구원을 이룰 수는 없습니다. 온전한 구원은 우리가 세상의 초등학문 아래서 종노릇하는 삶에서 벗어나 예수님을 영접하고 성령님을 의지하여 믿음으로 살 때 경험할 수 있는 것입니다.

2) 하나님이 정하신 때

바울은 2절에서 갈라디아 교인들에게 "아버지가 정한 때까지 후견인과 청지기 아래에 있나니"라고 말합니다. 하나님은 하나님이 정하신 때에 섭리대로 역사하십니다. 천지를 창조하실 때나 구속 사역을 행하실 때 하나님은 모두 하나님의 정하신 때에 이루셨습니다. "범사에 기한이 있고 천하 만사가 다 때가 있나니"(전 3:1).

하나님은 유대인들이 성숙한 믿음을 갖기까지 어린 아이와 같은 그들을 율법의 후견인 아래 있도록 하셨습니다. 하지만 하나님이 정하신 때가 되어 예수 그리스도의 진리가 그들에게 전파되었는데도 여전히 갈라디아 교인들은 어린 아이와 같이 율법의 종이 되어 살았던 것입니다.

유대인들은 오랜 세월 율법 아래서 종노릇 하고 있었습니다. 그러나 하나님은 당신이 정하신 때에 예수님을 보내주셔서 구원과 자유를 주셨습니다. 지금은 율법 아래서 종노릇할 때가 아니라, 성숙한 믿음으로 하나님을 찬양하면서 은혜 아래 살아야 할 때인 것입니다. 우리도 혹시 그들과 마찬가지로 하나님의 때를 깨닫지 못한 채 살고 있지는 않은지 돌아보아야 할 것입니다.

현재 미국에서 가장 급성장하고 있는 10대 교회 중 하나인 엘리베이션 처치(Elevation Church)의 스티븐 퍼틱(Steven Furtick) 목사의 책『태양아 멈추어라』에 다음과 같은 내용이 있습니다.

"우리는 하나님을 과소평가하고 있습니다. 우리 삶에 놀라운 일들을 이루기를 기대하거나 요청하지 않기 때문에 하나님의 역사를 경험할 수 없는 것입니다. 하나님의 약속의 말씀을 믿고 여호수아 같은 담대한 믿음을 발휘해 보십시오. 우리는 매번 하나님께 아주 커다란 것을 받기를 기도하지만 대부분 바로 포기하거나 잊어버립니다. 여러분, 끝까지 기다리며 믿음을 발휘하십시오. 하나님의 때에 하나님의 약속의 말씀은 반드시 성취됩니다."

하나님의 약속이 성취될 것을 기대하며, 하나님의 때를 믿음으로 기다리시기 바랍니다.

2. 예수 그리스도로 말미암아 얻은 자녀의 명분 (4-5절)

마이어(F. B. Meyer) 목사는 우리가 하나님의 자녀로 살아가는 것에 대하여 다음과 같이 말했습니다. "그리스도인이라고 자처하는 사람들이 실패감에 자주 빠져서, 그리스도 안에서 갖게 된 합법적인 지위를 누리지 못할 때가 있다. 지나치게 근심하지 말라. 아버지의 집에서 한없는 마음의 자유를 누리며 살라. 당신이 그리스도와 같은 지붕 아래 있다는 사실을 명심하고, 그의 모든 은혜와 도움을 온전히 활용하라. 그러나 하나님이 당신에게 주시는 사명을 성가시더라도 거부하지 말라. 성가신 규칙이나 짜증나는 일에 대해서도 근심하지 말라."

바울은 갈라디아 교인들이 하나님의 자녀 됨을 스스로 포기하고 종노릇하는 것을 안타깝게 여겼습니다. 예수님으로 말미암아 우리는 하나님의 자녀가 되었습니다. 그리고 우리에게는 하나님의 자녀의 명분이 주어졌습니다. 따라서 우리는 자녀의 권세를 가지고 살아야 합니다.

1) 율법 아래 있는 자를 속량하신 예수님

하나님은 유대인들을 율법 아래 맡기시고 성장하기를 기다리셨습니다. 그리고 때가 차매 그들에게 그리스도를 보내시고 율법과 죄의 굴레에서 구원해 주셨습니다. 전능하신 하나님이 인간을 향한 사랑 때문에 인간과 동등한 자리에 앉기를 마다하지 않으시고 성육신하여 오신 것입니다. 그리고 그 복음이 우리에게까지 전파되게 하셨습니다. 그러므로 이제 예수님을 믿는 우리는 율법의 정죄와 저주의 짐을 예수님에게 맡기고 자유와 은혜를 만끽하며 살 수 있습니다.

어느 시골길에 승용차가 가고 있는데, 길가에 웬 할머니가 무거운 짐을 지고 뒤뚱뒤뚱 걸어가고 있었습니다.

운전사가 차를 세우고 물었습니다.

"할머니 어디까지 가세요?"

"저기 언덕 너머 마을까지 간다네."

"그 마을은 지나는 길이니 제 차에 타세요."

할머니는 "아이고, 기사 양반이 이렇게 고마울 수가 있나" 하며 승용차에 탔습니다.

한참을 가다가 운전기사는 할머니가 불편하지 않는지 뒤를 돌아보았습니다. 그런데 이게 웬일입니까? 할머니가 그 무거운 짐을 머리에 이고서 이리 뒤뚱 저리 뒤뚱하며 힘들게 앉아계시는 것이었습니다. 운전기사는 할머니에게 말했습니다.

"할머니! 차에 타셨으면 짐을 옆에 내려놓으셔야죠. 왜 차에 타서 짐을 이고 계십니까?"

그러자 할머니는 이렇게 말했습니다.

"아이고, 기사 양반, 태워준 것도 고마운데 어떻게 염치없이 짐까지 내려놓을 수 있겠수."

우리는 때로 이 할머니와 같은 삶을 살아갑니다. 예수님이 우리를 율법에서 속량하시고 죄와 저주의 짐을 다 짊어지셨는데, 우리는 다시 그 짐을 주섬주섬 지고 가는 삶을 사는 것입니다. 예수님에게 삶의 모든 짐을 맡기시기 바랍니다. "수고하고 무거운 짐 진 자들아 다 내게로 오라 내가 너희를 쉬게 하리라"(마 11:28).

2) 자녀의 명분을 얻게 하신 예수님

하나님이 우리를 율법에서 속량하심으로 우리는 더 이상 죄의 종이 아닙니다. 우리는 예수 그리스도의 대속의 은혜로 자유함을 얻은 하나님의 자녀가 되었습니다. 그러므로 우리는 하나님으로부터 자녀의 명분을 받았기 때문에 담대히 하나님 앞에 나아갈 수 있는 신분이 된 것입니다.

예수님 안에서 하나님의 자녀가 된 우리는 하나님 아버지에게 믿음으로 소원을 요구할 권리가 있습니다. 그리고 예수님 안에서 하나님 아버지는 자녀의 요구를 들어주실 의무가 있습니다. 그러므로 하나님의 자녀가 된 우리는 하나님에게 모든 소원을 아뢰며 응답받을 수 있는 특권과 축복을 얻게 된 것입니다. "너희가 내 이름으로 무엇을 구하든지 내가 행하리니 이는 아버지로 하여금 아들로 말미암아 영광을 받으시게 하려 함이라 내 이름으로 무엇이든지 내게 구하면 내가 행하리라"(요 14:13-14).

앞서 언급했던 스티븐 퍼틱 목사의 『태양아 멈추어라』에 나오는 한 이야기를 소개합니다.

퍼틱 목사가 고등학교에 다닐 때의 일입니다. 그는 고등학교 들어간 후 첫 성적표를 받게 되었습니다. 그런데 사회 과목의 성적이 'C'였습니다. 그는 깜짝 놀랐습니다. 아무리 생각해도 자신은 'C' 이상 받을 '자격'이 있었기 때문입니다. 그래서 곧장 사회 선생님을 찾아가서 따졌습니다.

"선생님, 제가 왜 'C'예요?"

선생님은 그의 얼굴을 보더니 말했습니다.

"나도 모르겠다. 점수표를 좀 볼까?"

선생님이 점수표를 펴자, 숙제 부문에 'X' 표가 수두룩했습니다. 그는 자신이 제출하지 않은 숙제를 선생님이 일일이 다 기록했을 줄은 꿈에도 생각하지 못했습니다. 선생님은 계산기를 들고 점수를 계산했습니다. 결과는 'F'였습니다. 선생님은 그를 똑바로 보시고 말했습니다.

"네 말이 맞구나, 네 점수는 'C'가 아니야. 'F'구나. 그럼 성적을 다시 'F'로 고쳐줄까?"

퍼틱 목사는 갑자기 'C'라도 그렇게 고마울 수가 없었습니다.

이 이야기는 우리에게 하나님의 자녀 됨과 기도 응답에 대하여 좋은 교훈을 줍니다. 만약 우리가 기도할 때마다 하나님이 계산기를 꺼내 우리의 점수를 계산하신다면, 우리에게 응답될 기도는 하나도 없을 것입니다. 뿐만 아니라 하나님 앞에 설 자격이 있는 사람은 아무도 없을 것입니다. 그러나 하나님은 그렇게 하지 않으십니다. 그러므로 자신의 자격만큼만 응답해 달라는 기도는 하지 마시기 바랍니다. 진정한 기도는 은혜를 의지해 드리는 기도입니다. 하나님이 자녀 삼아주신 은혜를 근거로 하여 기도하시기 바랍니다.

3. 하나님의 유업을 받는 자녀(6-7절)

6-7절은 바울의 전체 논증의 핵심입니다. 갈라디아 교인들은 의심과 혼란 가운데 있었습니다. 그들은 복음 대신 율법이 말하는 것에 더 귀를 기울였습니다. 그렇지만 바울은 6절에서 "너희가 아들이므로"라고 말합니다. 바울은 성령님이 그들 안에 계시기에 현재는 그들이 다소 흔들림이 있는 것처럼 보이지만 다시 하나님의 자녀답게 살게 될 것으로 생각했던 것입니다.

1) 성령으로 맺어진 관계

본문 6절에 기록된 "아들의 영"은 성령님을 일컫는 것으로 "그리스도의 영"(롬 8:9), "하나님의 영"(롬 8:14)과 동일하게 사용됩니다. 그러므로 아들의 영, 즉 성령님은 그리스도 안에서 확정된 하나님의 자녀 됨을 증언하며, 하나님을 '아빠 아버지'라 부를 수 있는 관계를 만들어 주시는 것입니다. "너희는 다시 무서워하는 종의 영을 받지 아니하고 양자의 영을 받았으므로 우리가 아빠 아버지라고 부르짖느니라 성령이 친히 우리의 영과 더불어 우리가 하나님의 자녀인 것을 증언하시나니"(롬 8:15-16).

김기현 목사의 저서 『미운 오리 무지개 하늘을 날다』에 나오는 이야기입니다.

그가 초등학교 3학년 때 엄마의 사랑이 가장 필요할 시기에 엄마가 집을 나갔습니다. 그는 자라는 동안 세 명의 엄마, 두 명의 아빠를 경험하게 됩니다.

가난과 정서적 혼란을 겪으며 지내던 어느 날, 그에게 예수님이 찾아오셨습니다. 교회를 다니면서 엄마보다 더 든든한 울타리가 되는 예수님을 만나게 된 것입니다. 그는 이런 고백을 했습니다.

"예수님을 만나자 제가 미운 오리새끼가 아니라 하나님께서 너무나 사랑하시는 하나님의 자녀라는 것을 깨달았습니다."

예수님을 만나고 그의 삶이 달라졌습니다. 그는 지금 자신처럼 버림받은 아이들, 왕따가 된 아이들을 위해 꿈과 용기를 불어넣는 사역을 하고 있습니다. 그는 강연할 때마다 다음과 같은 말을 합니다.

"이제, 여러분의 출생의 비밀을 알려주겠습니다. 그 비밀을 알면, 여러분은 자신이 생각하는 것보다 수백 배, 수천 배 더 귀한 사람이라는 걸 알게 될 것입니다. 여러분은 하나님의 위대한 걸 작품입니다. 하나님께서 우리를 하나님의 형상대로 창조하셨기 때문입니다. 그런데도 자신을 미운 오리라고 생각하며 살아간다면, 그것은 겸손이 아니라 불신앙입니다."

우리는 하나님이 자녀로 택하신 아주 귀한 존재이며, 하나님의 위대한 작품입니다. 늘 우리 곁에 계시는 보혜사 성령님이 그것을 보증하십니다.

2) 하나님의 유업을 받는 자

바울은 본문에서 갈라디아 교인들에게 그들이 율법 아래서 종노릇하던 신분에서 벗어나 성령님으로 말미암아 하나님의 자녀가 되었고, 하나님 아버지의 유업을 받을 자가 되었다고 선포하고 있습니다.

"유업"이라는 말은 갈라디아서 3장 이후로 아브라함의 언약과 관련하여 자주 언급됩니다. "너희가 그리스도의 것이면 곧 아브라함의 자손이요 약속대로 유업을 이을 자니라"(갈 3:29). 바울은 만약 갈라디아 교인들이 예수님을 구주로 영접했다면 이제 그들은 아브라함의 자손이 되었으며, 하나님이 아브라함에게 약속하신 모든 언약의 축복들을 유업으로 상속할 자가 되었음을 깨닫게 하고 있는 것입니다.

이것은 오늘날 우리에게도 동일하게 적용되는 말씀입니다. 우리들 또한 예수님을 구주로 영접하면 아브라함의 후손이 됩니다. 그리고 아브라함에게 약속된 축복을 유업으로 받게 됩니다.

결론

우리는 예수 그리스도로 말미암아 하나님의 자녀가 되었습니다. 하나님이 죄인인 우리를 용서하시고 자녀로 삼아주신 은혜는 정말 말할 수 없이 큽니다. 더군다나 우리를 자녀 삼으신 분이 천지와 만물을 지으신 창조주 하나님이심을 생각할 때 하나님의 자녀가 되었다는 것은 무한한 영광입니다. 더불어 하나님은 우리를 자녀로 삼으시고 풍성하게 공급하십니다. "하나님이 능히 모든 은혜를 너희에게 넘치게 하시나니 이는 너희로 모든 일에 항상 모든 것이 넉넉하여 모든 착한 일을 넘치게 하게 하려 하심이라" (고후 9:8).

그러므로 아버지이신 하나님을 향하여 늘 감사하시기 바랍니다. 자녀의 권세를 가지고 하나님이 유업으로 주신 것들을 풍성하게 누리게 되시기를 주님의 이름으로 축원합니다.

하나님의 자녀로 삼아주신 은혜

그리스도인은 예수 그리스도의 십자가 고난으로 말미암아 죄의 노예에서 벗어나 하나님의 자녀가 되었습니다. 그러나 세속주의와 율법주의에 빠져서 과거의 종살이를 하던 때로 돌아가려는 사람들이 있습니다. 바울은 갈라디아서에서 그러한 시도들을 경계하며 책망했습니다.

1. 세상의 초등학문 아래서 종노릇하는 성도

유대인의 율법이든지 다른 종교의 의식이든지 예수님을 통하여 주어진 하나님을 아는 지식, 살아계신 하나님과의 만남에 비하면 초보적인 단계 (초등학문)에 불과합니다. 그런데 갈라디아 교인들 가운데 이미 구원을 받았음에도 세상의 초등학문으로 돌아가려는 사람들이 있습니다.

2. 예수 그리스도로 말미암아 얻은 자녀의 명분

그리스도인은 하나님의 자녀의 명분이 있기에 하나님 앞에 나아갈 수 있습니다. 그리고 하나님이 주시는 복을 받아 누리며 자유롭게 살아갈 수 있습니다. 그래서 바울은 갈라디아 교인들이 하나님의 자녀 됨을 스스로 포기하고 죄와 율법의 종노릇하는 것을 안타깝게 여겼습니다.

3. 하나님의 유업을 받는 자녀

그리스도인은 때로 신앙생활을 하다가 믿음이 흔들리기도 합니다. 그렇지만 성령님이 그의 안에 계시기에 다시 믿음을 굳게 다지고 하나님의 자녀답게 살아갈 수 있습니다. 그리고 하나님의 자녀는 하나님 아버지의 유업을 받을 수 있습니다. 즉, 하나님이 아브라함에게 약속하신 모든 언약의 축복들을 유업으로 상속할 자가 된 것입니다.

 죄인을 용서하셔서 자녀로 삼아주신 하나님의 은혜는 정말 큽니다. 그러므로 그리스도인은 자신을 자녀로 삼아주신 하나님을 향하여 늘 감사해야 합니다. 그리고 하나님의 자녀에게 약속된 유업을 상속하여 모든 착한 일에 풍성해야 합니다.

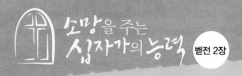

소망을 주는
십자가의 능력 벧전 2장

1. 예수 그리스도께 나아오라는 초청(4-5절)
2. 예수님을 믿고 순종하는 자들이 받는 복(6-8절)
3. 왕 같은 제사장으로 부르신 은혜(9절)

PART 10

왕 같은 제사장으로
부르신 은혜

베드로전서 2:4-9

왕 같은 제사장으로 부르신 은혜

베드로전서 2:4-9

●

"사람에게는 버린 바가 되었으나 하나님께는 택하심을 입은 보배로운 산 돌이신 예수께 나아가 너희도 산 돌 같이 신령한 집으로 세워지고 예수 그리스도로 말미암아 하나님이 기쁘게 받으실 신령한 제사를 드릴 거룩한 제사장이 될지니라 성경에 기록되었으되 보라 내가 택한 보배로운 모퉁잇돌을 시온에 두노니 그를 믿는 자는 부끄러움을 당하지 아니하리라 하였으니 그러므로 믿는 너희에게는 보배이나 믿지 아니하는 자에게는 건축자들이 버린 그 돌이 모퉁이의 머릿돌이 되고 또한 부딪치는 돌과 걸려 넘어지게 하는 바위가 되었다 하였느니라 그들이 말씀을 순종하지 아니하므로 넘어지나니 이는 그들을 이렇게 정하신 것이라 그러나 너희는 택하신 족속이요 왕 같은 제사장들이요 거룩한 나라요 그의 소유가 된 백성이니 이는 너희를 어두운 데서 불러 내어 그의 기이한 빛에 들어가게 하신 이의 아름다운 덕을 선포하게 하려 하심이라"(벧전 2:4-9).

　　　　모험을 좋아하는 한 인디언 소년이 있었습니다. 어느 날 그 소년은 근처 산에서 독수리 알을 발견했습니다. 그래서 그 알을 집으로 가져와서 닭장에 그 알을 넣었습니다. 그 새끼 독수리는 다른 병아리들과 함께 부화되었고 자라났습니다. 이 독수리 새끼는 자기가 병아리라고 생각하며 병아리와 똑같이 행동을 했습니다.

그런데 어느 날 큰 독수리 하나가 닭장 상공을 날아 멋지게 맴돌다 지나갔습니다. 그런데 그것을 자세히 보던 독수리 새끼는 그 독수리가 자신과 닮았다는 것을 깨달았습니다. 그리고 새로운 자아상을 발견하게 되었습니다. 그동안 자신은 다른 병아리와 닮지 않아서 고민이었는데, 독수리를 보며 자신이 누구인지를 발견하게 된 것입니다. 그래서 말했습니다.

"나는 병아리가 아니야. 나는 저 독수리를 닮았다. 이 닭장은 나에게 도무지 어울리지 않아. 나는 닭장에 살 팔자가 아니야. 나는 높은 하늘을 날고 바위산을 날아 올라갈 독수리이다."

그 때부터 독수리 새끼는 독수리로 살게 되었습니다.

이 이야기는 우화이지만 우리에게 주는 교훈이 있습니다. 우리 인간도 자신이 어떤 존재인지를 깨닫는 것이 중요하다는 것입니다.

예수님은 이 땅에서 사람들에게 철저히 외면당하셨습니다. 갖은 오해와 모욕, 비방과 형벌을 받으시고 십자가에서 돌아가셨습니다. "그는 멸시를 받아 사람들에게 버림 받았으며 간고를 많이 겪었으며 질고를 아는 자라 마치 사람들이 그에게서 얼굴을 가리는 것 같이 멸시를 당하였고 우리도 그를 귀히 여기지 아니하였도다"(사 53:3).

그리고 누구보다 의로우신 분이 범죄자 가운데 하나로 헤아림을 받으셨습니다. "그러므로 내가 그에게 존귀한 자와 함께 몫을 받게 하며 강한 자와 함께 탈취한 것을 나누게 하리니 이는 그가 자기 영혼을 버려 사망에 이르게 하며 범죄자 중 하나로 헤아림을 받았음이니라 그러나 그가 많은 사람의 죄를 담당하며 범죄자를 위하여 기도하였느니라"(사 53:12).

사람들은 예수님에 대하여 오해했습니다. 그러나 예수님은 사람들의 평가에 연연하지 않으셨습니다. 하나님의 평가를 알았기 때문이었습니다. 하나님은 예수님을 보배로운 모퉁잇돌로 택하셨습니다. 건축자들이 버린 돌을 모퉁이의 머릿돌이 되게 하신 것입니다. 따라서 그를 믿고 순종하는 자들에게는 보배로운 머릿돌이나, 그를 버리고 순종하지 않는 자들에게는 걸려 넘어지는 바위가 되게 하셨습니다.

본문을 통하여 우리는 예수 그리스도 안에서 새로운 자아상을 발견할 수 있습니다. 본문을 통하여 하나님이 우리에게 주신 새로운 모습을 발견하게 되고, 새 삶을 살게 되시기를 주님의 이름으로 축원합니다.

1. 예수 그리스도께 나아오라는 초청(4-5절)

베드로는 베드로전서 1장에서 하나님의 구원이 가지고 있는 경이로움을 보여주었습니다. 그리고 2장에서는 그리스도인들이 하나님의 백성으로서 가지고 있는 지위에 대하여 말합니다. 그러면서 하나님의 백성답게 살기 위해서는 예수님에게로 나아오라고 초청합니다. "사람에게는 버린 바가 되었으나 하나님께는 택하심을 입은 보배로운 산 돌이신 예수께 나아가 너희도 산 돌 같이 신령한 집으로 세워지고 예수 그리스도로 말미암아 하나님이 기쁘게 받으실 신령한 제사를 드릴 거룩한 제사장이 될지니라"(벧전 2:4-5).

1) 신령한 집으로 세워지는 은혜

베드로가 본문 4절에서 "보배로운 산 돌이신 예수께" 나아오라고 초청하는 이유는 예수님과 같이 신령한 집으로 세워지게 하기 위해서입니다. 그는 예수님을 일컬어 하나님으로부터 택하심을 입은 "보배로운 산 돌"이라고 표현하는데, 그것은 '잘 쪼개져서 다듬어진 살아있는 돌', '생기가 넘치는 돌'을 뜻합니다.

무생물인 돌이 살아있다는 것은 상식적으로 볼 때 모순 같습니다. 그러나 이것은 죽음에서 부활하신 예수님의 생명을 뜻합니다. 예수님이 하나님의 택하심을 받고 죽음에서 부활하신 것처럼 예수님에게로 나아오는 자들도 똑같이 새 생명을 얻게 되는 것입니다. 마치 석공이 쓸모없이 굴러다닌 돌덩이를 보기 좋게 쪼개고 다듬어서 보배로운 돌로 새 생명을 입히는 것과 같습니다. 그래서 신령한 집의 석재로 세워지는 것입니다.

그리스도인은 예수 그리스도의 몸의 지체이자, 신령한 집을 짓기 위해 선택된 돌입니다. 그리고 반드시 다듬어지는 과정이 있습니다. 신령한 집의 석재는 그냥 세워지지 않는 것입니다. 보배로운 석재로 세워지기 위해 십자가의 고통과 연단이 따릅니다.

그러므로 우리에게는 결연한 믿음의 각오가 필요합니다. 예수님에 대한 세상의 평가와 하나님의 평가가 달랐다는 것을 기억하시기 바랍니다. 사람의 인정보다 하나님의 인정을 바라며 하나님의 손에 의해 보배로운 돌로 만들어지고 있다는 사실을 기쁨으로 삼으시기 바랍니다. "너희도 성령 안에서 하나님이 거하실 처소가 되기 위하여 그리스도 예수 안에서 함께 지어져 가느니라"(엡 2:22).

아주 노련하고 존경받는 수도사가 아직은 좀 건방지고 교만한 구석이 있는 젊은 수도사를 교육하고 교훈을 주기 위해서 흙을 만지면서 이런 대화를 나누었습니다. 그는 아주 딱딱하게 뭉쳐진 흙을 만지면서 젊은 수도사에게 "여보게, 여기 물 좀 붓지"라고 말했습니다.

젊은 수도사는 물을 부었습니다. 그런데 물이 흙으로 스며드는 것이 아니라 그냥 옆으로 흘러내리고 말았습니다.

그러자 노련한 수도사는 "이 딱딱한 흙은 물을 흡수하지 못하네"라고 말하면서 옆에 있는 망치를 집어 들더니 그 딱딱한 흙덩이를 마구 부수기 시작했습니다. 그런 후에 다시 젊은 수도사에게 물을 부어 보라고 말했습니다. 젊은 수도사가 부서져서 부드러워진 흙에 물을 붓자 흙에 물이 스며들기 시작했습니다.

존경받는 수도사는 웃으면서 "여기다가 씨를 뿌리면 틀림없이 꽃을 피우고 열매를 맺을 것이 아니겠나? 수도하는 사람들은 이것을 '깨어짐의 영성의 법칙'이라고 말하지. 하나님은 우리가 깨어지고 부서질 때, 거기서 아름다운 꽃이 피고, 열매를 맺도록 하신다네"라고 말했다고 합니다.

하나님은 거룩하고 아름다운 열매를 위해 때로 우리를 깨뜨리시는 순간들이 있습니다. 그때 우리는 원망하기보다 믿음으로 "하나님, 나를 깨뜨려주세요. 하나님이 기뻐하시는 사람으로 만들어주세요"라고 기도해야 할 것입니다.

2) 거룩한 제사장으로 부르심

우리가 연단되는 궁극적인 목적은 거룩한 제사장으로의 부르심 때문입니다. 하나님은 우리가 예수님으로 말미암아 산 돌 같이 신령한 집으로 세워져서 신령한 제사를 드리는 거룩한 제사장이 되기를 원하시는 것입니다.

신령한 제사는 의식적인 희생 제사가 아닌 우리의 몸과 마음,

삶을 드리는 영적 차원의 제사, 바울도 언급한 바 있는 영적 예배를 말합니다. "그러므로 형제들아 내가 하나님의 모든 자비하심으로 너희를 권하노니 너희 몸을 하나님이 기뻐하시는 거룩한 산 제물로 드리라 이는 너희가 드릴 영적 예배니라"(롬 12:1). 그러므로 하나님의 간절한 소망과 부르심에 응답하여 거룩한 삶으로 하나님을 예배하는 제사장이 되시기 바랍니다.

2. 예수님을 믿고 순종하는 자들이 받는 복(6-8절)

베드로는 4-5절에서 예수님에게로 나오라고 요청한 다음 6-8절에서는 앞서 자신이 말한 것을 강조하기 위하여 구약성경에 기록된 말씀을 인용하고 있습니다. "성경에 기록되었으되 보라 내가 택한 보배로운 모퉁잇돌을 시온에 두노니 그를 믿는 자는 부끄러움을 당하지 아니하리라 하였으니 그러므로 믿는 너희에게는 보배이나 믿지 아니하는 자에게는 건축자들이 버린 그 돌이 모퉁이의 머릿돌이 되고 또한 부딪치는 돌과 걸려 넘어지게 하는 바위가 되었다 하였느니라 그들이 말씀을 순종하지 아니하므로 넘어지나니 이는 그들을 이렇게 정하신 것이라"(벧전 2:6-8).

1) 믿는 자에게 보배가 되시는 그리스도

예수 그리스도를 믿는 자는 보배를 얻은 자입니다. 왜냐하면 하나님이 예수님을 보배로운 모퉁잇돌로 삼으셨기 때문입니다. 모퉁잇돌은 건물을 지을 때 제일 먼저 놓는 돌입니다. 모퉁잇돌은 토대를 안정되게 세우며, 벽들이 세워질 때 건물이 사각의 형태를 유지하게 합니다. 그러므로 모퉁잇돌이신 예수님으로 말미암아 우리의 인생은 굳건한 토대 위에 세워지게 될 것이며, 우리는 하나님이 계획하신 모습대로 새로운 삶을 살아가게 될 것입니다.

그런데 본문 6절은 하나님이 보배로운 모퉁잇돌을 시온에 두었다고 말씀합니다. 예루살렘은 다윗이 법궤를 옮겨 종교적 중심지를 삼은 곳으로 후일 솔로몬이 이곳에 성전을 세웠습니다. 그래서 시편에서는 시온을 거룩한 산, 야훼의 산으로 표현했습니다. "내가 나의 왕을 내 거룩한 산 시온에 세웠다 하시리로다"(시 2:6). 그런데 하나님이 모퉁잇돌을 시온에 두셨습니다. 이것은 이제 예수님으로 말미암아 새로운 건물(그리스도의 몸인 교회와 새 언약)이 옛 건물(예루살렘 성전과 옛 언약)을 대신한다는 의미입니다.

2) 믿고 순종하는 자들이 받는 복

옛 건물은 세상의 공격으로 무너졌습니다. 그러나 새 건물은 그 무엇도 무너뜨리지 못할 것입니다. 옛 언약은 우리에게 자유를 줄 수 없었습니다. 그러나 새 언약은 우리에게 자유를 줄 수 있습니다. 그러므로 예수님을 믿고 순종하는 자들은 부끄러움을 당하지 않고 넘어지지 않습니다.

그런데 이것을 문자적으로 해석해 그리스도인이 되면 전혀 부끄러움을 당하지 않고 넘어지지 않는다고 생각해서는 안 됩니다. 이것은 하나님의 관점과 차원에서 말한 것입니다. 그리스도인은 세상적인 관점에서 무지하고 무례한 사람들에 의해 수치를 당하기도 하고 현실적인 차원에서 넘어지기도 합니다. 그러나 믿는 자들이 무지하고 무례한 사람들에 의해 넘어지고 수치를 당하는 것은 수치가 아닙니다. 하나님은 예수님이 십자가를 통해 영광을 받으신 것처럼 우리에게 영광이 되게 하시기 때문입니다. "우리가 알거니와 하나님을 사랑하는 자 곧 그의 뜻대로 부르심을 입은 자들에게는 모든 것이 합력하여 선을 이루느니라"(롬 8:28).

3. 왕 같은 제사장으로 부르신 은혜(9절)

하나님은 예수님을 구원자로 이 땅에 보내셨습니다. 예수님을 믿는 자는 구원을 얻게 되고 부끄러움을 당하지 않게 될 것입니다. 그렇지만 믿지 아니하는 자에게 예수님은 부딪치는 돌과 걸려 넘어지게 하는 바위가 됩니다. 그러하기에 믿지 아니하는 자는 그가 예수님을 향하여 그러했던 것처럼 믿는 자를 오해하고 비난하고 핍박합니다. 그러나 베드로는 본문 9절의 말씀을 통하여 믿는 자가 어떤 존재인지 깨닫게 합니다. "그러나 너희는 택하신 족속이요 왕 같은 제사장들이요 거룩한 나라요 그의 소유가 된 백성이니 이는 너희를 어두운 데서 불러 내어 그의 기이한 빛에 들어가게 하신 이의 아름다운 덕을 선포하게 하려 하심이라" (벧전 2:9).

1) 믿는 자들의 네 가지 영적 신분

믿는 자는 새로운 자아상, 신분을 가집니다.

첫째로, 택하신 족속입니다. 예수님을 믿기 이전에는 고아같이 버림받았던 자들이었던 우리를 하나님은 긍휼히 여기사 당신의 백성으로 삼아주셨습니다.

둘째로, 왕 같은 제사장입니다. 하나님은 마귀의 종노릇하던 우리를 예수 그리스도의 보혈의 공로로 건져주셨습니다. 이제는 왕의 자녀로 세상을 다스리고 정복하는 자로, 또 예수님의 보혈의 공로를 의지하여 하나님을 예배하는 제사장으로 삼아주신 것입니다.

셋째로, 거룩한 나라입니다. 하나님은 이 땅의 어떤 토지가 아니라 우리를 하나님이 다스리시는 나라로 삼으셨습니다. 우리는 성령님이 오셔서 다스리시는 거룩한 나라입니다.

넷째로, 하나님의 소유가 된 백성입니다. 우리는 예수 그리스도의 피로 값 주고 산 하나님의 소유입니다. 그러므로 하나님이 우리를 지키십니다.

2) 아름다운 덕을 선포하는 은혜

우리에게 새로운 자아상을 주신 이유는 하나님의 아름다운 덕을 선포하게 하려는 것입니다. 많은 사람들이 아직도 예수님을 모르고 마귀에 사로잡혀서 이 세상 풍속을 따르고 있습니다. 캄캄한 어둠 속에서 허물과 죄로 인하여 고통하며 신음하고 있습니다. 영적인 시한부 상태에 있는 것입니다. 예수님을 알지 못했던 때 우리도 이들과 같았습니다. 육체의 욕심을 따라 지내며 옛 본성이 원하는 대로 행하여 하나님의 진노가 예정되어 있는 삶을 살았던 것입니다.

그러나 이제 우리는 오직 예수님을 믿고 말씀에 순종함으로 말미암아 왕 같은 제사장의 신분을 회복하게 되었습니다. 우리는 단지 믿음으로 말미암아 입게 된 은혜와 아름다운 덕을 세상에 알려야 합니다.

사람들에게 온갖 횡포와 협박을 일삼던 불량한 사람이 자신이 악독한 죄인임을 깨닫고 회개하여 믿음의 사람이 되었습니다. 그러던 어느 날, 그가 못된 짓을 하며 살 때 만났던 친구가 찾아왔습니다. 친구는 그가 하루아침에 변한 것을 아니꼽게 여기고는 능욕하며 때렸습니다.

그런데 그는 친구가 때리는 것을 막을 생각도 하지 않고 슬프게 울기만 했습니다. 때리던 친구는 "아니, 맞고만 있을 녀석이 아닌데, 그새 힘이 다 빠져 버렸나? 이놈! 아직도 더 맞아야 정신을 차리겠어?"라며 버럭 소리를 질렀습니다.

그러나 눈을 부라리며 떠드는 친구를 바라보는 그의 눈은 더욱 슬프게 변했습니다. 그는 매우 슬픈 목소리로 "자네가 원하는 대로 하게나"라고 대답했습니다.

그의 반응이 궁금해진 친구는 "그런데 도대체 왜 그렇게 우는 게야?"라고 물었습니다.

그러자 그는 "내가 우는 이유는 여러 가지라네. 먼저 나같이 악한 죄인을 구원하시려고 예수님이 심한 모욕을 당하고 십자가 위에서 고통스럽게 돌아가셨는데 그 일을 생각하니 이토록 눈물이 흐르는 것이라네. 또 하나는 나도 예수님을 믿기 전에 사람들을 이유 없이 괴롭히고 때린 것을 생각하니 하나님 앞에 죄송한 마음에 우는 것이고, 마지막으로 자네가 받을 심판을 생각하니 마음이 몹시도 아파서 우는 것이라네"라고 말했습니다.

이 말을 듣고 있던 친구는 그 자리에 그대로 쓰러져서 그를 붙

잡고 울기 시작했습니다. 그리고는 자신이 그동안 저지른 죄를 낱낱이 하나님 앞에 고백하고 새로운 삶을 살 것을 맹세했습니다.

여러분도 하나님과 아직 하나님을 모르는 사람들의 사이를 이어주는 다리가 되어 거룩한 제사장으로서의 사명을 감당하시기 바랍니다.

결론

우리는 새로운 자아상을 가진 사람들입니다. 세상이 우리를 통해 하나님의 아름다운 덕을 듣고 보게 될 것입니다. 그러므로 세상 사람들이 구원의 기쁨을 알 수 있도록 구원하신 하나님을 날마다 찬양하시기 바랍니다. 그들이 하나님의 역사하심을 알 수 있도록 매순간 감사하시기 바랍니다. 그리고 그들이 하나님을 볼 수 있도록 삶을 통하여 하나님의 아름다운 성품을 드러내시기 바랍니다. 성령으로 충만하게 되어 이 일들을 능히 이루게 되기를 주님의 이름으로 축원합니다.

왕 같은 제사장으로 부르신 은혜

자신을 어떤 사람으로 여기느냐는 참 중요합니다. 예수님 안에서 그리스도인은 새로운 자아상을 갖게 되었습니다. 성경은 그리스도인이 택하신 족속이요, 왕 같은 제사장들이요, 거룩한 나라요, 하나님의 소유가 된 백성이라고 말합니다.

1. 예수 그리스도께 나아오라는 초청

그리스도인은 예수 그리스도의 몸의 지체이자, 신령한 집을 짓기 위해 선택된 돌입니다. 따라서 반드시 다듬어지는 연단의 과정이 있습니다. 연단을 통하여 그리스도인은 거룩한 삶으로 하나님을 예배하는 제사장으로 살아갈 수 있습니다.

2. 예수님을 믿고 순종하는 자들이 받는 복

모퉁잇돌은 토대를 안정되게 세우며, 벽들이 세워질 때 건물이 사각의 형태를 유지하게 합니다. 그러므로 모퉁잇돌이신 예수님으로 말미암아 그리스도인의 인생은 군건한 토대 위에 세워지게 되며, 하나님이 계획하신 모습대로 새로운 삶을 살아가게 됩니다.

3. 왕 같은 제사장으로 부르신 은혜

그리스도인은 하나님의 선택을 받은 백성입니다. 그리고 세상을 다스리고 정복하는 왕의 자녀이며, 하나님을 예배하는 제사장입니다. 더불어 성령이 오셔서 다스리시는 거룩한 나라이며, 하나님의 소유입니다.

 그리스도인은 새로운 자아상을 가지게 된 사람입니다. 세상이 그리스도인을 통해 하나님의 아름다운 덕을 듣고 보게 될 것입니다. 그러므로 그리스도인은 세상 사람들이 구원의 기쁨을 알게 되도록 자신을 구원하신 하나님을 날마다 찬양하며 살아야 합니다.

소망을 주는
십자가의 능력 엡 3장

PART 11

복음의 일꾼으로
부르신 은혜

에베소서 3:1-9

복음의 일꾼으로 부르신 은혜

에베소서 3:1-9

●

"이러므로 그리스도 예수의 일로 너희 이방인을 위하여 갇힌 자 된 나 바울이 말하거니와 너희를 위하여 내게 주신 하나님의 그 은혜의 경륜을 너희가 들었을 터이라 곧 계시로 내게 비밀을 알게 하신 것은 내가 먼저 간단히 기록함과 같으니 그것을 읽으면 내가 그리스도의 비밀을 깨달은 것을 너희가 알 수 있으리라 이제 그의 거룩한 사도들과 선지자들에게 성령으로 나타내신 것 같이 다른 세대에서는 사람의 아들들에게 알리지 아니하셨으니 이는 이방인들이 복음으로 말미암아 그리스도 예수 안에서 함께 상속자가 되고 함께 지체가 되고 함께 약속에 참여하는 자가 됨이라 이 복음을 위하여 그의 능력이 역사하시는 대로 내게 주신 하나님의 은혜의 선물을 따라 내가 일꾼이 되었노라 모든 성도 중에 지극히 작은 자보다 더 작은 나에게 이 은혜를 주신 것은 측량할 수 없는 그리스도의 풍성함을 이방인에게 전하게 하시고 영원부터 만물을 창조하신 하나님 속에 감추어졌던 비밀의 경륜이 어떠한 것을 드러내게 하려 하심이라"(엡 3:1-9).

철학자인 루소는 인간에 대해 다음과 같이 말했습니다.

"열 살 때는 과자를 따라가고, 이십 대에는 연인을 따라가고, 삼십 대에는 쾌락을 따라가고, 사십 대에는 야심을 따라가고, 오십 대에는 탐욕을 따라간다."

그런데 이렇게 무엇엔가 끌려가고 있는 동안 인간은 허수아비일 뿐입니다.

하나님은 우리에게 귀한 생명을 주셨습니다. 그리고 각 사람을 향하여 귀한 계획을 가지고 계십니다. 하지만 그것을 알지 못하여 사람들은 인생을 허비합니다.

옛말에 '종록자 불견산(從鹿者 不見山)'이라는 말이 있습니다. '사슴을 따라가는 사람은 산을 보지 못한다'는 뜻입니다. 이 말은 눈앞의 작은 이익과 즐거움을 추구하는 사람은 인생 전체를 보지 못하고, 현실의 만족과 성공만 추구하다 결국 실패한다는 교훈을 주고 있습니다.

예수님을 만나기 전 바울도 그랬습니다. 그는 스스로 자신이 훌륭한 인생을 살고 있다고 생각했었습니다. 그러나 그가 다메섹으로 가는 길에서 예수님을 만났을 때 그것이 자신의 착각이었음을 깨닫게 되었습니다.

사실 그는 주변 사람들이 보았을 때는 남부러울 것이 없는 훌륭한 사람이었습니다. 신분이나 사회적 지위, 지금까지 쌓아온 학력 등이 자랑할 만한 것들이었습니다. 게다가 삶 또한 절제되어 있고 경건했습니다.

"그러나 나도 육체를 신뢰할 만하며 만일 누구든지 다른 이가 육체를 신뢰할 것이 있는 줄로 생각하면 나는 더욱 그러하리니 나는 팔일 만에 할례를 받고 이스라엘 족속이요 베냐민 지파요

히브리인 중의 히브리인이요 율법으로는 바리새인이요 열심으로는 교회를 박해하고 율법의 의로는 흠이 없는 자라"(빌 3:4-6).

그런데 바울은 예수님을 만나고 나니 그런 것들이 다 쓸모없다는 것을 깨달았습니다. 예수님을 통하여 진리와 생명, 그리고 자신이 정말로 목숨을 걸어야 할 사명을 발견하게 되었던 것입니다.

오늘 여러분은 어디를 향하여 달려가고 계십니까? 무엇을 목표로 신앙생활하십니까? 인생에 있어서 중요한 것은 속도가 아니라 방향입니다.

예수님은 "사람이 만일 온 천하를 얻고도 제 목숨을 잃으면 무엇이 유익하리요 사람이 무엇을 주고 제 목숨과 바꾸겠느냐"라고 말씀하셨습니다(마 16:26). 우리 인생에는 하나님의 계획이 있고, 살아야 할 목표가 있습니다. 본문을 통하여 복음의 일꾼으로 부르신 은혜를 깨닫고, 정말로 값진 인생을 살게 되시기를 주님의 이름으로 축원합니다.

1. 바울이 깨달은 하나님의 은혜(1-4절)

에베소서에는 하나님의 풍성한 은혜와 긍휼에 대한 언급이 자주 나옵니다.

"우리는 그리스도 안에서 그의 은혜의 풍성함을 따라 그의 피로 말미암아 속량 곧 죄 사함을 받았느니라"(엡 1:7).

"이는 그리스도 예수 안에서 우리에게 자비하심으로써 그 은혜의 지극히 풍성함을 오는 여러 세대에 나타내려 하심이라"(엡 2:7).

"모든 성도 중에 지극히 작은 자보다 더 작은 나에게 이 은혜를 주신 것은 측량할 수 없는 그리스도의 풍성함을 이방인에게 전하게 하시고"(엡 3:8).

이것은 저자인 바울이 그 은혜를 깊이 체험한 사람이었기 때문입니다. 그리고 그 은혜는 바울이 여러 고난 속에서 쓰러지지 않은 비결이었습니다.

1) 하나님의 은혜의 경륜

"경륜"이라는 말은 헬라어로 '오이코노미아'라고 합니다. 이 말은 원래 '집을 경영함'이라는 뜻으로 집의 재산을 관리하는 것을 의미합니다. 그러므로 "하나님의 경륜"이란 하나님이 행하시는 경영, 혹은 섭리라고 할 수 있습니다. 하나님은 태초부터 시작하여 인류의 종말에 이르기까지 온 인류를 향한 하나님의 구원 계획 아래 우주와 세계를 섭리하십니다.

그런데 바울은 본문 2절에서 "너희를 위하여 내게 주신 하나님의 그 은혜의 경륜을 너희가 들었을 터이라"라고 말합니다. 하나님이 에베소 교인들을 위하여 바울에게 하나님의 은혜의 경륜을 주셨다는 말입니다. 이것은 '하나님의 은혜의 관리'를 의미하여, 바울이 은혜의 복음을 전파하는 직분을 받은 것을 말합니다. 그가 하나님으로부터 받은 직분은 하나님의 은혜를 깨닫게 하는 비밀의 전달자인 동시에 관리자인 것입니다. 더불어 이 귀한 직분은 바울 자신의 유익이 아니라 그의 섬김의 대상자들(에베소 교인들, 이방인들 등)의 유익을 위한 것이어야 함을 깨닫게 됩니다.

2) 계시를 통해 깨달은 그리스도의 비밀

바울은 3-4절에서 "은혜의 경륜"이 무엇인지 좀 더 풀어서 설명합니다. "곧 계시로 내게 비밀을 알게 하신 것은 내가 먼저 간단히 기록함과 같으니 그것을 읽으면 내가 그리스도의 비밀을 깨달은 것을 너희가 알 수 있으리라." 여기서 "비밀"은 예수 그리스도이며, 예수 그리스도의 복음을 말합니다. 그리고 이방인들도 하나님의 은혜에 포함될 수 있다는 사실입니다. 바울은 그것이 감추어져 있었지만, 하나님이 자신에게 계시를 통하여 알게 하셨다고 말합니다. 그리고 그것을 에베소 교인들에게 편지로 써서 그 비밀을 깨닫게 하고 있는 것입니다.

사실 바울은 예수님을 그리스도로 믿기를 거부했고, 심지어 예수님을 믿는 사람들을 핍박하기까지 했었습니다. 그런데 하나님이 그에게 은혜를 베푸셔서 계시를 통하여 예수 그리스도가 메시야이심을 알게 하셨던 것입니다.

오늘날도 이 비밀은 믿지 않는 자들에게 감추어져 있습니다. 왜냐하면 그들이 세상적인 지혜와 지식을 따르기 때문입니다. 그래서 하나님은 우리에게 예수 그리스도를 알리는 사명을 맡기셨는데, 세상 사람들의 지혜와 지식으로 볼 때 미련해 보이는 전도로 그 사명을 감당하게 하셨습니다. "하나님의 지혜에 있어서는 이 세상이 자기 지혜로 하나님을 알지 못하므로 하나님께서 전도의 미련한 것으로 믿는 자들을 구원하시기를 기뻐하셨도다"(고전 1:21).

아무도 자신을 돌봐주지 않는 것에 비관하며 패배 의식에 사로잡혀 있는 '클라인'이라는 노인이 있었습니다.

그런데 어느 주일 저녁, 그는 한 교회 앞을 지나다가 우연히 찬송가 소리에 귀를 기울이게 되었는데 마침 귀에 익은 찬송가 곡조였습니다.

"오직 은혜로 구원받기 바라네. 예수 온 세상을 위하여 돌아가셨네. 예수 나를 위해 돌아가셨네."

귀가 좋지 않았던 노인은 '예수 온 세상을 위하여 돌아가셨네'라는 대목을 '예수 클라인을 위하여 돌아가셨네'라는 소리로 잘못 들었습니다.

그러자 클라인은 "나를 위해 죽으셨다구?"라고 외치면서 그

작은 교회로 뛰어 들어갔습니다. 거기서 그는 예수님이 죄인들을 구하시기 위해 이 세상에 오셨다는 아주 간단한 복음의 메시지 한 토막을 듣게 되었고, 말씀을 믿고 구원을 얻게 되었습니다.

이것은 하나님의 역사하심입니다. 그러므로 세상 사람들의 판단보다 하나님의 역사하심을 더 의지하고 신뢰하며 전도의 사명을 감당하시기 바랍니다.

2. 그리스도의 복음을 통하여 누리는 축복(5-6절)

본문 5절에서 '이제'와 '다른 세대'는 서로 대비됩니다. 원문을 보면 '다른 세대'가 먼저 나옵니다. 이 '다른 세대'는 예수님이 오시기 전에 살았던 사람들을 가리킵니다. 우리가 흔히 구약 시대라고 말하는 때입니다. 구약 시대에도 하나님은 선지자를 통하여 이방인도 유대인과 함께 하나님의 구원에 참여하게 될 것을 말씀하셨습니다. "그가 이르시되 네가 나의 종이 되어 야곱의 지파들을 일으키며 이스라엘 중에 보전된 자를 돌아오게 할 것은 매우 쉬운 일이라 내가 또 너를 이방의 빛으로 삼아 나의 구원을 베풀어서 땅 끝까지 이르게 하리라"(사 49:6). 하지만 유대인들은 이것을 이방인들도 유대교로 개종할 수 있다는 정도로만 생각했습니다.

1) 성령을 통하여 계시하신 복음

그렇지만 하나님은 이방인과 유대인이 한 몸을 이룰 정도로 가까운 사이가 되기를 원하셨습니다. 그리고 이 비밀이 "그의 거룩한 사도들과 선지자들에게 성령으로" 나타났습니다. 하나님이 약속하신 성령님을 보내셔서 하나님의 비밀을 깨닫게 하시고 전파하게 하신 것입니다. 그리고 그 복음으로 말미암아 유대인과 이방인이 하나가 되었습니다.

이것은 유대인들이 과거에는 상상도 못했던 일이었습니다. 이는 그들이 육에 속한 사람들이었기 때문입니다. "육에 속한 사람은 하나님의 성령의 일들을 받지 아니하나니 이는 그것들이 그에게는 어리석게 보임이요, 또 그는 그것들을 알 수도 없나니 그러한 일은 영적으로 분별되기 때문이라"(고전 2:14). 그래서 그들은 예수님의 제자들을 핍박했고, 바울을 핍박했습니다.

하지만 성령님이 예수님을 따르는 사람들 가운데 역사하셨기에 누구도 복음의 불길을 꺼뜨릴 수 없었습니다. 성령님이 제자들과 함께 하셨고 그들을 진리 가운데로 인도하셨던 것입니다. "그러나 진리의 성령이 오시면 그가 너희를 모든 진리 가운데로 인도하시리니 그가 스스로 말하지 않고 오직 들은 것을 말하며 장래 일을 너희에게 알리시리라"(요 16:13).

2) 복음을 통하여 누리는 세 가지 축복

예수 그리스도의 복음은 유대인과 이방인이 하나가 되게 했습니다. 모든 차별을 철폐하고, 모든 소외의 담을 허물었습니다. 그리고 함께 상속자가 되고, 함께 지체가 되고, 함께 약속에 참여하는 자가 되게 했습니다. "이는 이방인들이 복음으로 말미암아 그리스도 예수 안에서 함께 상속자가 되고 함께 지체가 되고 함께 약속에 참여하는 자가 됨이라"(엡 3:6).

우리는 본래 하나님의 나라에서 이방인이었고, 죄악과 저주 가운데 버려진 고아 같았습니다. 이런 우리를 하나님이 긍휼히 여기사 그 아들 예수 그리스도를 통해 대속의 은혜를 주셨습니다. 또한 이 복음을 바울과 같은 이들을 통해 듣게 하시고, 오직 믿음으로 선민 이스라엘과 함께 복음의 혜택을 누리게 하신 것입니다.

우리가 예수 그리스도로 말미암아 이스라엘 백성과 함께 누리게 된 축복은 첫째로, 하나님의 나라를 그들과 함께 상속받게 된 것입니다. 둘째로, 교회의 머리가 되시는 예수 그리스도의 몸이 되어 한 지체가 된 것입니다. 셋째로, 아브라함에게 주시기로 약속하신 복을 함께 받게 된 것입니다.

예수 그리스도의 복음은 유대인이나 이방인이나, 국가나 인종이나, 남녀노소를 차별하지 않습니다. 이것이 바로 온 인류를 향하신 하나님의 은혜의 경륜인 것입니다. 이것은 예수 그리스도 안에서 은혜로 주어진 것이며, 또한 복음을 전파했던 전도자들에 의해 주어진 것입니다. 그러므로 복음을 전파하는 것이 얼마나 복되고 귀한 사명인지 모릅니다.

3. 복음의 일꾼으로 부르신 은혜(7-9절)

본문 7절에서 바울은 자신을 "일꾼"으로 소개합니다. 여기서 "일꾼"이란 '하인'을 말합니다. 바울은 다른 사람들이 모르는 비밀을 알고 있다고 의기양양하여져서 다른 사람들 위에 군림하여 부리는 자가 되지 아니하고 하인처럼 낮은 자리에서 섬기는 자가 된 것입니다. 또한 그는 8절에서 자신을 "모든 성도 중에 지극히 작은 자보다 더 작은 나"라고 말합니다. 왜냐하면 바울은 자신이 하나님으로부터 부르심을 받은 것이 자신의 능력이나 재주가 아니라 하나님의 은혜로 말미암음을 깨달았기 때문이었습니다.

1) 지극히 작은 자를 높이시는 은혜

바울은 본래 예수님이 메시야임을 부정하고 그리스도인들을 적극적으로 박해하던 사람이었습니다. "나는 유대인으로 길리기아 다소에서 났고 이 성에서 자라 가말리엘의 문하에서 우리 조상들의 율법의 엄한 교훈을 받았고 오늘 너희 모든 사람처럼 하나님께 대하여 열심이 있는 자라 내가 이 도를 박해하여 사람을 죽이기까지 하고 남녀를 결박하여 옥에 넘겼노니"(행 22:3-4).

그러나 바울은 다메섹으로 가던 중 예수님을 만나게 되었습니다. 그 후 그는 전혀 다른 사람이 되었습니다. 하나님의 은혜가 복음을 핍박하던 사람에서 복음을 전하는 사람으로, 복음을 전하는 사람을 죽이던 사람에서 복음을 위하여 죽을 수 있는 사람으로 변화시킨 것입니다. 이것은 정말 영광스러운 변화였습니다.

나이지리아의 노예시장에서 한 소년이 담뱃잎 한 부대와 교환되어 노예로 팔렸습니다. 소년의 가족들도 모두 노예로 팔려 뿔뿔이 흩어졌습니다. 그리고 소년은 미국으로 가는 불법 노예선에 태워졌습니다. 그런데 태평양으로 진입하던 노예선이 영국 군함의 검문을 받게 되었습니다. 영국 군인들은 이 배가 불법 노예선임을 눈치 채고 선원들을 모두 나포했습니다.

그때 영국 해군에 속한 군종목사의 시선이 한 곳에 고정되었습니다. 수백 명의 노예들 틈에서 유난히 까만 피부를 가진 소년, 공포에 질린 표정으로 심하게 몸을 떨고 있는 노예 소년을 바라보았습니다. 그의 마음속에 소년에 대한 연민과 사랑이 피어올랐습니다.

"저 소년을 양자(養子)로 삼아야겠다. 소년의 마음에 예수 그리스도가 찾아오시면 어떻게 변할까?"

군종 목사는 노예소년을 집으로 데려가 양자로 입적하고 교육했습니다.

그로부터 30년이 지났습니다. 나이지리아에서 최초의 감리교 감독 취임예배가 열렸습니다. 그 날은 나이지리아 기독교 역사의 새로운 장이 시작된 날이었습니다. 이날의 주인공은 목회자이며 민족의 지도자인 사무엘 크로우더(Samuel Crowther) 목사였습니다. 30년 전 노예로 팔려갔던 불쌍한 소년이 한 사람을 통해 예수님을 만나고 새로운 인생을 살게 되었던 것입니다. 이처럼 누구든 하나님을 만나면 새롭게 변화될 수 있습니다.

2) 그리스도의 풍성함을 전하는 은혜

바울은 하나님이 자신에게 은혜를 베푸신 목적을 알았습니다. 그 목적은 첫째는 "측량할 수 없는 그리스도의 풍성함을 이방인에게" 전하는 것입니다. 그리고 둘째는 "하나님의 속에 감추어졌던 비밀의 경륜이 어떠한 것을" 드러내는 것입니다.

예수님 안에는 그 깊이를 헤아릴 수도 없는 은혜와 사랑, 무한하신 지혜와 능력, 끝도 없는 지식의 모든 풍요로운 보화들이 감추어져 있습니다. 그리고 이것은 복음으로 말미암아 깨닫게 됩니다. 바울은 그 풍성함을 전할 뿐 아니라 자신이 그 풍성함을 누리는 사람이었습니다.

바울은 에베소서 3장 16-19절에서 에베소 교인들을 위하여 "그의 영광의 풍성함을 따라 그의 성령으로 말미암아 너희 속사람을 능력으로 강건하게 하시오며 믿음으로 말미암아 그리스도께서 너희 마음에 계시게 하시옵고 너희가 사랑 가운데서 뿌리가 박히고 터가 굳어져서 능히 모든 성도와 함께 지식에 넘치는 그리스도의 사랑을 알고 그 너비와 길이와 높이와 깊이가 어떠함을 깨달아 하나님의 모든 충만하신 것으로 너희에게 충만하게 하시기를 구하노라"라고 기도합니다.

이것은 바울의 간구일 뿐 아니라 그가 예수 그리스도 안에서 체험하고 있는 것들이었습니다. 그러하기에 그 풍성함이 에베소 교인들에게도 가득하기를 기도할 수 있었던 것입니다.

결론

복음을 전하는 것은 주님의 명령에 순종하는 것입니다. 그러나 그 명령에 순종할 때 우리는 더 풍성한 은혜를 깨닫게 됩니다. 하나님은 우리를 높이시며, 측량할 수 없는 그리스도의 풍성함을 누리게 하십니다. 복음의 일꾼으로 자원하여 측량할 수 없는 하나님의 은혜와 사랑을 더욱 깊이 깨닫고, 복음으로 말미암는 축복을 풍성하게 누리게 되시기를 주님의 이름으로 축원합니다.

복음의 일꾼으로 부르신 은혜

바울은 예수님을 만나기 전에는 자신이 훌륭한 인생을 살고 있다고 생각했었습니다. 그러나 다메섹으로 가는 길에서 예수님을 만난 이후 자신이 헛된 인생을 살았음을 깨닫고 모든 것을 다 내려놓았습니다. 그리고 자신이 정말로 목숨을 걸어야 할 사명을 발견하게 되었습니다.

1. 바울이 깨달은 하나님의 은혜

바울은 예수님을 믿기를 거부했었고, 예수님을 믿는 사람들을 핍박하기까지 했습니다. 그러나 하나님이 그에게 은혜를 베푸셔서 계시를 통하여 예수 그리스도가 메시야이심을 알게 하셨습니다. 이러한 놀라운 은혜를 깨달은 바울은 그 은혜를 전파하는 자가 되었습니다.

2. 그리스도의 복음을 통하여 누리는 축복

그리스도인은 복음을 통하여 하나님의 나라를 상속하게 되었고, 아브라함에게 주시기로 약속하신 복을 받게 되었습니다. 이것은 예수 그리스도 안에서 은혜로 주어진 것이며, 유대인이나 이방인이나, 국가나 인종이나, 남녀노소를 차별하지 않습니다.

3. 복음의 일꾼으로 부르신 은혜

바울은 자신을 복음의 일꾼으로 소개했습니다. 여기서 일꾼이란 하인을 말합니다. 바울은 다른 사람들이 모르는 비밀을 알고 있다고 의기양양해져서 다른 사람들 위에 군림하여 부리는 자가 되지 아니하고 하인처럼 낮은 자리에서 섬기며 복음을 전하는 자로 살았던 것입니다.

 복음을 전하는 것은 주님의 명령에 순종하는 것입니다. 그러나 그 명령에 순종할 때 더 풍성한 은혜를 깨닫게 됩니다. 하나님이 높이시며, 측량할 수 없는 그리스도의 풍성함을 누리게 하시는 것입니다. 그러므로 복음의 일꾼으로 자원하여 섬기시기 바랍니다.

소망을 주는
십자가의 능력 빌 3장

PART 12

천국 시민
삼아주신 은혜

빌립보서 3:17-21

천국 시민 삼아주신 은혜

빌립보서 3:17-21

"형제들아 너희는 함께 나를 본받으라 그리고 너희가 우리를 본받은 것처럼 그와 같이 행하는 자들을 눈여겨 보라 내가 여러 번 너희에게 말하였거니와 이제도 눈물을 흘리며 말하노니 여러 사람들이 그리스도의 십자가의 원수로 행하느니라 그들의 마침은 멸망이요 그들의 신은 배요 그 영광은 그들의 부끄러움에 있고 땅의 일을 생각하는 자라 그러나 우리의 시민권은 하늘에 있는지라 거기로부터 구원하는 자 곧 주 예수 그리스도를 기다리노니 그는 만물을 자기에게 복종하게 하실 수 있는 자의 역사로 우리의 낮은 몸을 자기 영광의 몸의 형체와 같이 변하게 하시리라"(빌 3:17-21).

　　　　사람들은 모두 저마다의 갈망을 가지고 살아 갑니다. 그 갈망이 채워지는 것처럼 느껴지는 순간도 있을 것입니다. 그러나 누구도 그 갈망을 만족스럽게 해결하지 못합니다. 왜냐하면 인간은 하나님 안에서만 그 인생의 의미를 발견할 수 있기 때문입니다.

　　영국의 소설가인 C. S. 루이스(C. S. Lewis)는 "이 세상의 어떤 경험도 만족시킬 수 없는 갈망이 내 안에 있음을 발견한다면, 그것에 대한 가장 타당한 설명은 내가 다른 세상을 위해 만들어졌기 때문이다"라고 했습니다.

그리고 아우구스티누스(Augustinus)도 그의 책 『고백록』에서 "하나님이시여, 당신의 품에서 안식을 얻기까지, 내게는 쉼이 없었나이다"라고 고백했던 것입니다.

그리스도인은 이것을 깨달은 사람입니다. 예수님을 믿고 진정한 쉼이 무엇이며, 천국에 대한 소망을 가지고 살아가야 함을 잘 압니다. 그런데 이 세상을 사는 동안 너무나 자주 땅의 것을 추구하며 삽니다.

그렇지만 본문에서 바울은 그리스도인의 시민권이 하늘에 있다고 말합니다. 더불어 그리스도인은 다시 오실 예수 그리스도를 기다리며, 부활의 몸을 입게 될 사람이라고 알려줍니다. 본문 말씀을 통해 우리가 본 받아야 할 바울의 신앙과 성도들이 경계하고 결코 본받지 말아야 할 삶의 태도는 무엇인지 살펴보고, 우리가 예수 그리스도의 대속의 은혜를 헛되이 하지 않기 위하여 궁극적으로 소망해야 할 천국과 감사해야 할 은혜에 대하여 함께 살펴보겠습니다.

1. 우리가 본받아야 할 바울의 신앙(17절)

본문 17절에서 바울은 빌립보 교인들에게 자신을 본받으라고 말합니다. 그리고 바울을 본으로 삼고 행하는 사람들을 유심히 살펴보라고 말합니다. "형제들아 너희는 함께 나를 본받으라 그리고 너희가 우리를 본받은 것처럼 그와 같이 행하는 자들을 눈여겨 보라." 그는 자신을 빌립보 교인들이 본받아야 할 모범으로 제시하고 있는 것입니다.

1) 예수 그리스도를 닮아가는 삶

바울이 자신을 본받으라고 자신 있게 말할 수 있는 이유는 그가 예수님을 본받기 위하여 최선을 다하는 사람이었기 때문입니다. 우리 또한 바울과 같이 예수님을 닮아가야 할 것입니다.

로버트 멍어(Robert Munger)가 쓴 『내 마음 그리스도의 집』이라는 책을 보면 우리가 어떻게 예수님을 닮아가야 하는지 잘 알 수 있습니다. 저자는 책에서 그리스도인의 삶을 예수님이 이 방 저 방 찾아다니고 있는 집에 비유했습니다. 예수님은 우리의 정신인 서재에서 쓰레기와 온갖 종류의 쓸모없는 물건들을 발견하시고 그것들을 모두 내버리시고는 자신의 말씀으로 그 방을 채우셨습니다. 예수님은 욕심의 자리인 식탁에서는 세속적인 차림

표에 잔뜩 적혀 있는 많은 죄악 된 욕망을 발견하셨습니다. 그래서 체면이나 물질주의, 욕정 등이 자리 잡고 있는 곳에 겸손과 온유함과 사랑과 같은 성도들이 간절히 찾아야 할 덕목들을 채우셨습니다. 또한 교제가 이루어지는 거실에서는 세속적인 동료와 그들과의 활동을 발견하셨으며, 작업실에서는 겨우 장난감들만 만들어지는 것을 보셨고, 화장실에서는 죄악이 숨겨져 있는 것을 보셨습니다. 온 집안을 돌아다니신 예수님은 모든 방과 화장실과 구석구석에 자리한 죄와 어리석음을 깨끗이 하신 다음에야 그곳에 자리를 잡고 편히 거하실 수 있게 되셨습니다.

과연 우리의 마음은 예수님이 편히 지내실 만한 곳인지, 바울처럼 다른 사람들에게 자신을 본받으라고 말할 수 있는지를 돌아보아야 할 것입니다.

2) 하늘에 푯대를 두고 정진하는 신앙

당시 빌립보교회 안에는 그리스도를 믿음으로 의를 얻어서 완전한 자가 되었기 때문에 몸으로 무슨 일을 하든지 상관이 없다고 주장하는 사람들이 있었습니다. 이들의 주장은 자신들의 탐욕을 감추기 위한 거짓이었습니다.

그리스도인은 믿음으로 의롭게 여김을 받습니다. 그러나 계속해서 그리스도를 닮아가야 합니다. 왜냐하면 그리스도인의 삶은 과정이며, 그리스도인은 예수님이 재림하셔서 당신 곁에 머물게 하시기 전까지는 흠 없이 완전해 질 수 없기 때문입니다.

그래서 바울은 빌립보서 3장 12-14절에서 다음과 같이 말했습니다. "내가 이미 얻었다 함도 아니요 온전히 이루었다 함도 아니라 오직 내가 그리스도 예수께 잡힌 바 된 그것을 잡으려고 달려가노라 형제들아 나는 아직 내가 잡은 줄로 여기지 아니하고 오직 한 일 즉 뒤에 있는 것은 잊어버리고 앞에 있는 것을 잡으려고 푯대를 향하여 그리스도 예수 안에서 하나님이 위에서 부르신 부름의 상을 위하여 달려가노라."

우리의 삶 또한 바울과 같아야 합니다. 왜냐하면 여전히 우리 안에는 예수님을 닮지 못한 부분들이 많기 때문입니다.

리빙스턴(David Livingstone)의 일화입니다. 아프리카에서 수년 동안 일한 후 그가 잠시 영국으로 돌아왔을 때였습니다. 누군가 그에게 인사하며 물었습니다.

"리빙스턴 박사님, 이제 어디로 가실 작정입니까?"

그러자 리빙스턴은 이렇게 대답했습니다.

"나는 앞으로 나가는 것이라면 어디든 갈 작정이오."

예수님을 닮아가는 삶에 있어서 리빙스턴과 같은 삶의 자세를 갖게 되시기를 주님의 이름으로 축원합니다.

2. 십자가의 원수로 행하는 자들(18-19절)

바울은 예수님을 믿었다면 그 후로는 아무렇게나 살아도 된다고 거짓 주장을 펴는 사람들을 "그리스도의 십자가의 원수"라고 말하며 강하게 비난합니다. 왜냐하면 그들의 삶의 결과는 멸망이기 때문입니다. 그리고 그들의 가르침에 속아서 잘못된 신앙을 가지고 살아가는 사람들 또한 같은 결과를 얻게 되기 때문입니다. "내가 여러 번 너희에게 말하였거니와 이제도 눈물을 흘리며 말하노니 여러 사람들이 그리스도의 십자가의 원수로 행하느니라 그들의 마침은 멸망이요 그들의 신은 배요 그 영광은 그들의 부끄러움에 있고 땅의 일을 생각하는 자라"(빌 3:18-19).

1) 육체의 욕망을 추구하는 삶

바울은 십자가의 원수로 행하는 자들에게 수차례에 걸쳐서 거듭 권면했음에도 그들이 아직 돌이키지 않는 것에 대해 눈물을 흘리며 탄식했습니다.

바울은 십자가의 원수로 행하는 자들의 특징에 대하여 첫 번째로 "그들의 신은 배"라고 지적합니다. 하나님을 섬기는 대신 미각의 쾌락이나 포만감을 주는 식욕을 우상화해버린 삶을 말합니다. 이것은 단지 식욕뿐 아니라 육신의 정욕과 안위를 추구하는 출세욕, 명예욕, 탐욕 등 인간의 여러 가지 잘못된 욕망을 대표하는 것입니다. 그런데 육체의 욕망을 추구하게 되면, 자아가 다시 살아나게 됩니다. 결국 자아를 숭배함으로 십자가의 원수로 행하게 되는 것입니다.

그러나 십자가의 정신은 육신의 정욕을 십자가에 못 박고 자기를 부인하며 예수 그리스도를 따르는 것입니다. "그리스도 예수의 사람들은 육체와 함께 그 정욕과 탐심을 십자가에 못 박았느니라"(갈 5:24).

예수님이 말씀하신 것을 기억하시기 바랍니다. "이에 예수께서 제자들에게 이르시되 누구든지 나를 따라오려거든 자기를 부인하고 자기 십자가를 지고 나를 따를 것이니라 누구든지 제 목숨을 구원하고자 하면 잃을 것이요 누구든지 나를 위하여 제 목숨을 잃으면 찾으리라"(마 16:24-25).

2) 땅의 일에 몰두하는 인생과 그 결과

십자가의 원수로 행하는 자들의 두 번째 특징은 "땅의 일을 생각하는 자"입니다. 이들은 세상적인 가치관으로 끊임없이 세상 일에 몰두하면서 이 땅에 소망을 두고 살아갑니다. 그런데 그 삶은 얼마나 허무한지 모릅니다. 고대 그리스 아테네의 비극 시인이었던 소포클레스(Sophocles)의 시가 그러한 허무함을 잘 보여

줍니다.

> 아름다운 젊음도, 인생의 영광도 모두 사라진다.
> 신앙은 죽고, 불신앙은 꽃처럼 피어난다.
> 너는 사람의 그림자를 큰 거리에서도,
> 마음속 깊은 사랑의 골방에서도 못 볼 것이다.
> 모진 바람은 진리를 영원히 날려 버린다.

또한 땅의 일에 몰두하는 인생의 결과는 멸망입니다. 허무하게 살다가 결국에는 영원한 멸망에 이르는 것이 예수님 밖에서 살아가는 사람의 결과인 것입니다.

그러나 그리스도인은 이 땅을 사는 동안 진리의 성령님의 인도하심을 받습니다. 그리고 천국에 대한 소망을 가지고 살아갑니다. 그러하기에 그 인생은 헛되지 않습니다.

3. 천국 시민 삼아주신 은혜(20-21절)

바울은 누구보다 자랑할 만한 것이 많은 사람이었습니다. "그러나 나도 육체를 신뢰할 만하며 만일 누구든지 다른 이가 육체를 신뢰할 것이 있는 줄로 생각하면 나는 더욱 그러하리니"(빌

3:4).

그렇지만 그는 그 모든 것, 심지어 자신에게 유익하던 것까지도 그리스도를 위하여 다 해로 여겼습니다. "그러나 무엇이든지 내게 유익하던 것을 내가 그리스도를 위하여 다 해로 여길뿐더러 또한 모든 것을 해로 여김은 내 주 그리스도 예수를 아는 지식이 가장 고상하기 때문이라"(빌 3:7-8).

왜냐하면 그는 하늘에 있는 시민권을 가졌으며, 예수 그리스도의 재림을 기다리는 사람이었기 때문입니다. "그러나 우리의 시민권은 하늘에 있는지라 거기로부터 구원하는 자 곧 주 예수 그리스도를 기다리노니"(빌 3:20).

1) 하늘나라에 있는 시민권

빌립보는 로마의 식민지였습니다. 빌립보 사람들 중에는 로마의 시민권을 가진 이들이 많았습니다. 그들은 비록 로마에 가본 적은 없지만 자신들이 로마의 시민권을 가진 것을 대단히 자랑스럽게 여기고 살았습니다. 바울은 이러한 이해를 바탕으로 하늘에 있는 시민권에 대하여 말한 것입니다. 바울은 빌립보 교인들에게 만약 누군가가 로마의 시민권을 자랑스럽게 여긴다면 하늘에 있는 시민권은 더욱 자랑스럽게 생각해야 함을 말했던 것입니다.

이러한 바울의 말에는 우리가 이 땅 위에서 어떻게 살아야 하는지 잘 나타나 있습니다. 우리 육신은 비록 이 땅에 거하고 있지만 실제적인 시민권은 하늘에 있습니다. 이제 곧 머지않아 그리스도의 뒤를 따라 하늘나라 본국으로 돌아가게 될 것입니다. 그러므로 그리스도인은 예수님이 정의로써 다스리실 영광스러운 나라를 바라보면서 구원자이신 예수님을 기다려야 합니다. 이 기다림은 소극적으로 막연히 기다리는 것이 아닙니다. 적극적으로 부지런히 주님을 찾고 구하며 기다리는 것입니다. 그러므로 행복한 마음으로 우리의 구원이 완성될 하나님 나라를 열렬히 기대하고 소망하시기 바랍니다.

미국 프로 골프 선수인 폴 에이징어(Paul Azinger)는 다음과 같이 말했습니다.

"PGA 투어 선수로 불리는 것이 큰 일이며, PGA 챔피언으로 불리는 것은 아마 더 큰 일일지라도, 내가 받은 선물, 즉 하나님의 자녀로 불리는 것보다 더 큰 선물은 없다고 생각합니다."

하나님의 자녀가 되고, 천국에 대한 소망을 가지고 사는 것보다 더 큰 선물은 어디에도 없다는 믿음으로 이 땅을 사시기 바랍니다.

2) 영광의 몸으로 변화되는 은혜

바울은 예수님의 재림을 기다릴 뿐 아니라 영광의 몸으로 변화

될 것을 기대합니다. "그는 만물을 자기에게 복종하게 하실 수 있는 자의 역사로 우리의 낮은 몸을 자기 영광의 몸의 형체와 같이 변하게 하시리라"(빌 3:21).

우리가 현재의 만족과 기쁨에 머물지 않는 이유는 만물이 예수님에게 복종하게 될 것이며, 우리가 예수님과 같이 영광스러운 부활의 몸으로 변화될 것이기 때문입니다. 아무리 자신의 권세와 부와 명예를 자랑해도 그것은 결국 사라질 것입니다. 그러나 예수님이 다시 오시게 되면 그분의 나라는 영원하며, 그분과 함께 누리는 영화로움도 영원한 것입니다. 그리고 우리는 이 땅의 연약한 몸이 아니라 부활의 몸을 입고 영생을 누리게 될 것입니다. "형제들아 내가 이것을 말하노니 혈과 육은 하나님 나라를 이어받을 수 없고 또한 썩는 것은 썩지 아니하는 것을 유업으로 받지 못하느니라 보라 내가 너희에게 비밀을 말하노니 우리가 다 잠잘 것이 아니요 마지막 나팔에 순식간에 홀연히 다 변화되리니 나팔 소리가 나매 죽은 자들이 썩지 아니할 것으로 다시 살아나고 우리도 변화되리라 이 썩을 것이 반드시 썩지 아니할 것을 입겠고 이 죽을 것이 죽지 아니함을 입으리로다 이 썩을 것이 썩지 아니함을 입고 이 죽을 것이 죽지 아니함을 입을 때에는 사망을 삼키고 이기리라고 기록된 말씀이 이루어지리라"(고전 15:50-54). 그리스도인은 이러한 소망을 가진 사람들입니다.

사실 이 땅을 사는 동안 우리의 몸은 얼마나 연약한지 모릅니다. 죄악된 것을 욕심내다가 병들고 다치고 마침내는 죽습니다. 얼마나 허무한 인생인지 모릅니다. 그러나 우리에게는 소망이 있기에 헛된 것에 빠지지 않을 수 있습니다.

소망에 대하여 앞서 언급한 C. S. 루이스는 그의 책 『순전한 기독교』에서 다음과 같이 말했습니다.

"소망은 신학적 덕목 가운데 하나다. 소망, 즉 영원한 세상을 끊임없이 바라보는 것은 일반 현대인들이 생각하는 식의 그런 현실 도피주의나 희망 사항이 아니라, 그리스도인이 직접 행하지 않으면 안 되는 일들 가운데 하나다. 소망은 우리가 이 세상의 현실을 떠나야 한다는 것을 의미하지 않는다. 만일 역사를 배운다면, 현실을 위해 가장 큰 일을 한 그리스도인은 다름 아니라 다음 세상을 가장 중요하게 여겼던 사람임을 알게 될 것이다.

사도들은 맨발로 걸어서 로마 제국을 회개에 이르게 했다. 중세를 세웠던 위대한 인물들과 노예 무역을 폐지시켰던 영국의 복음주의자들은 모두 이 땅에서 커다란 발자취를 남겼는데, 그것은 그들의 마음이 천국에 사로잡혀 있었기 때문이다. 그리스도인들이 현실에서 아무런 영향력을 미치지 못하게 된 것은 그들이 대부분 저 세상을 바라보는 것을 그만두기 시작한 이후부터다. 하늘을 바라보라. 그러면 땅을 덤으로 얻을 것이다. 땅을 바라보라. 그러면 아무것도 얻지 못할 것이다."

결론

로마의 식민지인 빌립보에서 살아가는 로마 시민들은 그들이 로마의 권익을 촉진하고 그 도시의 품위를 유지하기를 소원하며 살았습니다. 마찬가지로 하나님 나라의 시민들은 하나님 나라의 권익을 촉진하며 하나님 나라의 시민에 어울리는 삶을 살아야 합니다.

너무나 많은 그리스도인들이 그들의 시민권이 어디에 있는지 잊고 살아갑니다. 그래서 하늘의 기쁨과 상급보다는 이 땅의 쾌락과 보화를 더 좋아하며 살기도 합니다.

그리스도인의 궁극적인 소망은 하나님의 나라에 있습니다. 하나님의 나라를 소망할 때, 우리 마음은 참된 기쁨과 소망으로 넘쳐나게 됩니다. 땅의 일에 얽매이지 않고 모든 고난을 넉넉히 이기며 힘차게 살아가게 되는 것입니다. 대속의 은혜가 헛되지 않도록 하나님의 나라를 소망하며 살아가시기를 주님의 이름으로 축원합니다. "그런즉 너희는 먼저 그의 나라와 그의 의를 구하라 그리하면 이 모든 것을 너희에게 더하시리라"라는 예수님의 말씀을 기억하시기 바랍니다(마 6:33).

천국 시민 삼아주신 은혜

사람들은 모두 저마다의 갈망을 가지고 삽니다. 그러나 누구도 그 갈망을 만족스럽게 해결하지 못합니다. 왜냐하면 인간은 하나님 안에서만 그 인생의 의미를 발견할 수 있기 때문입니다. 그러나 그리스도인은 예수님을 통하여 진정한 쉼이 무엇이며, 천국에 소망을 두고 살아야 함을 깨달은 사람입니다.

1. 우리가 본받아야 할 바울의 신앙

바울은 빌립보 교인들에게 자신을 본받으라고 말했습니다. 이것은 그가 예수님을 본받기 위하여 최선을 다하는 사람이었기 때문입니다. 그리스도인은 이러한 바울의 모습을 본받아 예수님처럼 살기 위하여 최선을 다해야 합니다.

2. 십자가의 원수로 행하는 자들

빌립보교회 안에는 예수님을 믿었다면 그 후로는 아무렇게나 살아도 된다고 거짓 주장을 펴는 사람들이 있었습니다. 바울은 그들을 그리스도의 십자가의 원수라고 말하며 강하게 비난했습니다. 왜냐하면 그들의 삶의 결과는 멸망이었기 때문입니다.

3. 천국 시민 삼아주신 은혜

바울은 누구보다 자랑할 만한 것이 많았습니다. 그러나 그는 그 모든 것, 심지어 자신에게 유익하던 것까지도 그리스도를 위하여 다 해로 여겼습니다. 왜냐하면 그는 하늘에 있는 시민권을 가졌으며, 예수 그리스도의 재림을 기다리는 사람이었기 때문입니다.

 많은 그리스도인들이 그들의 시민권이 어디에 있는지를 잊고 이 땅의 쾌락과 보화를 더 좋아하며 살아갑니다. 그러나 그리스도인의 궁극적인 소망은 하나님의 나라에 있어야 합니다. 이 땅이 아니라 하나님의 나라를 소망할 때 참된 기쁨과 소망을 가질 수 있습니다.